HOW TO SURVIVE
A HORROR MOVIE

ホラー映画で殺されない方法

ホラー映画で殺されない方法

セス・グレアム=スミス
入間 眞 [訳]

HOW TO SURVIVE A
HORROR MOVIE

BY SETH GRAHAME-SMITH

竹書房

HOW TO SURVIVE A HORROR MOVIE

by

Seth Grahame-Smith

Copyright © 2007 by Quirk Productions, Inc.

Japanese translation rights arrangement with

Quirk Books

through Japan UNI Agency Inc., Tokyo Japan

Original Designed by Doogie Horner

Illustrations by Nathan Fox

日本語版翻訳権独占
竹 書 房

　本書に含まれる情報の使用に起因するいかなる損害についても、その使用が適切であるか否かにかかわらず、出版社および著者（特に著者）は法的責任を一切放棄します。本書に含まれる情報は、完全であること・安全であること・正確であることが保証されておらず、あなたの分別や常識に取って代わるものと見なしてはいけません。

　本書の内容を口実にして、他者の権利を侵害する行為や法令違反となる行為を絶対にしてはいけません。出版社および著者は、あなたがすべての法規を遵守し、財産権を含む他者のあらゆる権利を尊重することを強く推奨します。

CONTENTS
目次

ウェス・クレイヴンからの謝罪	8
まえがき	10

第1章
ようこそ 《テラーヴァース》 へ 　　　　　　　　12

自分がホラー映画の中にいることをどうやって知るか	14
自分がいるホラー映画のタイプをどうやって知るか	21
CRAVEN（クレイヴン）メソッド	29
ホラー映画版・7つの大罪	**35**
ホラー映画の高校生活をどうやって生き延びるか	41

第2章
スラッシャー・サバイバル・スクール
〜マスクと手袋とモーテルと〜 　　　　　46

殺人鬼（スラッシャー）の5つのタイプとその対処法	48
夏休みをどうやって生き延びるか	**54**
ベビーシッターをする一夜をどうやって生き延びるか	60
まる1週間、どのように目を覚ましておくか	67

第3章

悪意の無生物
～人間の作った死の道具～

72

幽霊屋敷でどうやって生き延びるか	**74**
殺意の宿った車が走ってきたらどうすればよいか	**78**
人を殺す人形をどうやって倒すか	84
モノが邪悪かどうか、どうやって確かめるか	90

第4章

墓場からの使者
～亡霊、ゾンビ、生き返り～

96

墓場からどうやって生還するか	98
いいやつ、悪いやつ、ヤバいやつ──幽霊の種類を知る	106
生ける屍をどうやって殺すか	111
ヴァンパイアをどうやって殺すか	116
自分が映画の冒頭から死者だったかをどうやって知るか	120

第5章

怒れる牙
～エイリアンと凶悪生物～
126

宇宙人の総攻撃からどうやって生き延びるか 128
旅客機内にヘビがいたらどうすればよいか 135
スペース・ホラー映画をどうやって生き延びるか 142

第666章

サタンに打ち勝たん
～呪い、デーモン、悪魔～
148

トウモロコシ畑を子どもたちに
　占拠されたらどうすればよいか 150
どうやって悪魔を祓うか 155
あなたの余命があと7日だったら何をすべきか 162
サタンをどうやって倒すか 167

エピローグ 170
付録・ステップアップのための教材 171
謝辞 189

訳者あとがき 190

ウェス・クレイヴンからの
謝罪

　ある思いがずっと胸の奥につかえている。何十年と重荷のように
わたしの良心をむしばんできた思い。それを白状するとき、声を詰
まらせずにおくのは容易でないだろう。

　……本当にすまなかった。

　幾多の人びとの人生をこの手で断ち切ってしまったことを、わた
しはたいへん申し訳なく思う。わたしの作品のために不本意ながら
犠牲となった登場人物たち……胸の豊かなベビーシッター、疑り深
い警官、傲慢で支配的な親、善意のボーイフレンド、将来ある10
代の若者、勤勉でまっとうなおとな……興行収入の名のもとに若死
にさせてしまったすべての人びとに謝罪したい。

　中には、わたしの仕事を少しやりにくくした人びともいる。ある
人はエンドロールまで生きてたどり着こうと果敢な戦いを挑み、ま
たある人は自分の首を絞めるような行為（家から逃げ出すべきとき
に２階に上がるとか、起きていないと生命が危うい場面で眠ってし
まうとか）以外のあらゆることを試みた。

　彼らをどうやって殺害するか、方法をあれこれ考える作業にわた
しが喜びを見いださなかったと言えば嘘になるだろう。内臓をえぐ
り出そうか、首を切り落とそうか、焼こうか、撃とうか、ガレージ
の扉で押しつぶそうか。『鮮血の美学』において、わたしは女の子

たちを拷問にかけた。『サランドラ』では、家族全員をひとりずつ殺していった。人びとをその夢の中で死なせる能力を持つ怪物を作り出しもした。

わたしのキャリアは、罪のない人びとが流した血の上に築かれたものだ。さすがのわたしも、とうとう良心の呵責に耐えられなくなったのだと思う。

むろん、償いを試みようとしたことはある。登場人物たちに反撃の機会を与えてみたのだ。『エルム街の悪夢／ザ・リアルナイトメア』は、ホラー映画の登場人物が自己を認識する最初の一歩であった。『スクリーム』では、さらにもう一歩踏みこみ、ホラー映画に出ていることを自覚しているキャラクターたちを初めて登場させた。なんと彼らはホラー映画のルールに関する知識を武器として使った。

にもかかわらず、彼らは死んでしまった。

わたしが何をしようとも、どれほど彼らに有利な条件を与えようとも、わたしの映画の登場人物たちは長いナイフの餌食になってしまうらしい。彼らが生き残るのを助ける目的でこうしたガイドブックがようやく書かれたことはうれしいかぎりだが、果たして実際にどれほど役に立つものだろうか。

死というやつは、ちゃんと抜け道を見つけ出してしまうのだ。

まえがき

「現実の世界に邪悪なことがあふれていると知りながら、
空想の世界においてまで邪悪なまねをさせないでくれ」
――詩人オリヴァー・ゴールドスミス（1730-1774）

　気を確かに持ってほしい。あなたに悪い知らせだ。今この本を読んでいるならば、あなたはホラー映画の中に閉じこめられている可能性が高い。わかってる、わかってる、馬鹿げた話に聞こえるだろう。だが、しばらくはわたしを信じたほうがいい。この本には、この本を必要とする相手を見つけ出してたどり着くという特性がある――つまり、この本があなたの手元にあるなら、そこにはちゃんと理由があるのだ。

　質問をどうぞ。きっと山ほどあるだろう。わたしもそうだった。

「どうしてそんなことが起こりえる？」

「なんでおれの身に？」

「おれは死んでしまうのか？」

　最初のふたつの質問に対する答えは、誰にもわからない。ウサギの穴に転げ落ちたのかもしれないし、聖なるパイプから煙を吸いすぎたのかもしれない。あるいはオルダス・ハクスリーの言葉を借りれば、〝たぶんこの世は別の惑星の地獄なのだろう〟。3つめの質問はどうか。答えはこうだ。

「ああ、死ぬ。それもまもなく」

　――これからわたしが約190ページにわたって教えることを実行しなければ、確実にそうなる。

　わたしは人生の大半を、恐怖の支配する世界《テラーヴァース》に閉じこめられたまま送ってきた（睡眠中は片目を開け、人さし指を引き金にかけながら）。もうかれこれ20年になるが、実にさまざまなタイプの幽霊、デーモン、殺人鬼たちと渡り合った。ヴァンパイアたちを打ち負かし、わたしに割り当て

られたゾンビどもの頭を吹き飛ばし、悪魔とダンスまでした。誰の助けもなく、わたしひとりで。そして、ほら、このとおり。わたしはまだ生きている。だから、わたしの取ってきた行動は正しかったにちがいないと思う。

　一方で、善良な人たちがたくさん死んでいくのも目の当たりにしてきた（ホラー映画の中で長年すごすと失うはめになるものはふたつ──友人と手足だ）。また、シナリオライターや監督たち（この荒涼たる地に君臨する姿なき神々）のやり口が数年のあいだにますます巧妙かつ残忍になっていくのを、この目で見てきた。そこで、わたしは自分が体得した知識を書き残そうと決心した。わたしの願いはひとつ。《テラーヴァース》の新入りたち（あなたたち）に、エンドロールまで生き延びる可能性を少しでも多く提供することだ。わたしが幾多の死を回避しつつ送ってきた人生で学んだスキルを、ぜひとも分かち合いたい。

　今この瞬間から、これまでの常識は何ひとつ通用しない。あなたは人間ではなく、登場人物なのだ。フィルムメイカーたちはあなたを殺害するためならなんだってやる。それはすでに始まっている。超自然の力や呪いは実在するし、666 や 237 といった数字はまさに肉切り包丁と同じで、あっさりとあなたを死に追いやる。ログキャビンは大量殺戮場と化し、トウモロコシ畑の茎は邪悪なものを呼び寄せるアンテナであり、宇宙人はけっして平和目的で地球に訪れはしない。

　わたしの役割は何か。それは、あなたがこの地獄を切り抜けるためのガイドだ。悪魔祓いの作法、ベビーシッターのバイトの一夜を生き延びる方法、墓地を（永久にその一部になることなしに）歩く要領を教える。逃げられない状況から逃げる手立て、忍び寄る死の予兆に気づくコツ、幽霊屋敷に対抗する手段を伝授する。何よりも、あなたの人生を終わらせようとしているシナリオライターと監督の人生を悲惨なものにしてやる方法を示す。

　気を落ち着けて周囲に注意を払い、《テラーヴァース》のただひとつの戒律〝汝、愚かであるなかれ〟を破らないこと。

　さあ、わたしといっしょに来るがいい。……生き残りたいのなら。

第 1 章

WELCOME TO THE TERRORVERSE

ようこそ
《テラーヴァース》へ

ルーミス医師「保安官、あなたの町に死神がやってきたんです。
今、あなたはそれを黙殺することもできるし、
食い止めるためにわたしに手を貸すこともできる」
——『ハロウィン』（1978）より

ホラー映画の中に閉じこめられたわれわれには選択肢がある。ほかの意気地なしの連中といっしょに列を作って殺戮の場に行進していくか、もしくは抵抗するかだ。むろん、エンドロールまでの道のりは長く、われわれの勝ち目は少ない。しかし、だからといって、手をこまねいたままフィルムメイカーたちの思いどおりにさせていいわけがない。新しいルールを習得することを選択しろ。そして、ルールを自分に有利に使うことを選択しろ。

生きることを選択しろ。

14　第1章　ようこそ《テラーヴァース》へ

自分がホラー映画の中にいることを
どうやって知るか

　ホラー映画の登場人物たちは、マチェーテを振り回す怪物や生き返ったサイコパスに殺されるのではない——無知に殺されるのだ。死と隣り合わせの危険について無知だから。あらゆる暗がりに殺戮者がひそんでいることに無知だから。新しいルールに無知だから。

　自分たちがホラー映画の中にいるという事実を知らないから殺されるのだ。

　自分が《テラーヴァース》に引っぱりこまれたか否かを、どのように知ればいいのか？　ときにはあからさまなサインでわかることがある。たとえば、もしもあなたが10代の若者で、メイン州の人里離れたキャビンにいて、ベビーシッターのバイトで口のきけない幼児を世話しており、一帯が100年に一度の猛吹雪に見舞われる中、脱獄した殺人犯が森をうろついている（あなたには仲間とともに障害のある男の子を河原でいじめ殺して遺体を放置したという過去があり、逃亡中の殺人犯の特徴がなぜかその男の子とよく似ている）という状況にあれば、あなたは〝十中八九〟ホラー映画の中にいると言ってよい。

　だが、ビデオスルーのやっつけ作品でないかぎり、シナリオライターはもっと手のこんだやりかたをするので、これほど明白なサインはめったになく、なかなか証拠をつかみにくい。

STEP 1.　この本を所有するにいたった経緯をはっきりさせる

　映画の中では、何かが理由もなく起きることはめったにない。ゆえに、『ホラー映画で殺されない方法』という本が手元にあれば、その単純な事実の意味するところはひとつ。おそらく誰かがあなたに何かを伝えようとしているのだ。胸に手を当ててよく考えてみよう。あなたはどのようないきさつでこの本を持つことになったのか？

自分がホラー映画の中にいることをどうやって知るか **15**

「今、本屋で立ち読みしてるだけだよ」

この本を手に取ったのは単なる偶然かもしれない。だが、気をつけろ。本をレジに持っていって購入すれば、あなたがホラー映画の中にいる可能性はぐんと高まる。

「ネットで注文した」

安心はできない。コンピュータというのは、口にするのもおぞましい邪悪な存在へのゲートウェイになりうる。だが、ことによると、単にあなたがすてきな表紙とたいへんお手ごろな価格に引かれただけかも。

「プレゼントされたんだけど」

おっとっと。『ホラー映画で殺されない方法』という本をプレゼントだって？　それじゃまるで、若き日のエリザベス・テイラーに『離婚を乗り切る方法』という本を贈るようなものだ。

「すてきな贈りものになるかなって思っただけよ、リズ。もちろん、あなたに必要ないことぐらいわかってるわ！」

「森の中で見つけたんだ」

そんなベタで不自然な設定のシナリオでも許される映画ジャンルはひとつしかない。すぐに第2章〝スラッシャー・サバイバル・スクール〟（46頁）に進むこと。

STEP 2. まわりをよく見る

　周囲の様子も手がかりになるはずだ。もしもあなたが真っ昼間の都会で混雑した大通りにいるなら、たぶん安全だろう（ひとまずは）。だが、人里離れた場所——森、古びた屋敷、停電している廃墟の精神科病棟——にいたら、あなたがホラー映画の中にいる確率は格段に高くなる。以下のように、場所の外観や音も判断のポイントとなる。

何もかも少し粒子が粗く見える？

それは、あなたがフィルムに撮影されている証拠かもしれない。でなけれ

ば、あなたの白内障が進んでいる。どっちにしてもまずい。

薄暗い？

夜のはずなのに、あたり一面が明るいブルーライトで照らされているか。隅のほうに、いくら覗きこもうとしても覗きこめない暗がりがあるか。

装飾の感じは？

子どもが歩道にチョークで落書きした絵が、何年も消されずに残っているのが見えるか。いきなり何もかもがクモの巣やサビでおおわれていないか。わけもなく足元だけにもやが立ちこめているか。

変な音が聞こえる？

耳なじみのない〝チ・チ・チ……ハ・ハ・ハ……〟という音や、金属どうしを叩く甲高いノイズがどこからともなく聞こえてくるか。あなたがドアを開けるたびに、音楽がクレッシェンドするか。

あなたが話しているのは日本語？

2000年代の映画のルールによれば、日本語を話す者は例外なくホラー映画の中にいる。ただし日本に住む日本人は例外だ。

　以上の質問のいずれかに〝イエス〟の答えがあれば、あなたがホラー映画に閉じこめられたという可能性を考慮しなくてはならない。

STEP 3.　自分の姿を見てみろ

　あなた、もしくは仲間の誰かが、母校のスタジアムジャンパーを着ているか？　仲間の中にすごく魅力的なのにセックスにルーズな女性がいるか？　あなたの〝友人〟はみんな『ヤング・スーパーマン』や『ギルモア・ガールズ』の出演者みたいに見えるか？（もしそうだったら、あなたが不慮の死を遂げる確率は10倍に跳ね上がる）

　あなたは、以下に挙げる〝標準的ホラー映画に出てくる登場人物のステレオタイプ〟のどれかに当てはまるだろうか。（18頁イラスト参照）

自分がホラー映画の中にいることをどうやって知るか　**17**

Ⓐ 単音節のファーストネームを持つ好青年
Ⓑ 誰とでも寝るゴス少女
Ⓒ 警官、神父、町で一番の金持ちのどれかを父親に持つ清純な少女
Ⓓ オタク（もしくは、さえないユダヤ人）
Ⓔ 愛嬌のある太った青年（もしくは、保安官代理）
Ⓕ セックス狂いのゲス野郎（もしくは、イタリア人）
Ⓖ 開始 20 分で殺される黒人青年
Ⓗ 開始 24 分で殺される黒人青年の恋人

　あなた（もしくは仲間）がステレオタイプのどれかに驚くほど当てはまったら、あなたはほぼ確実にホラー映画の中にいる。しかし、ここでパニックなど起こさず、さらに判定の精度を上げていこう。

STEP 4. MADテストをおこなう

　MAD とは〝衝動と対話（Motivation And Dialogue）〟の略称。これは《テラーヴァース》にいるかどうかをすばやく正確に確かめる最良の方法のひとつである。

衝動

もしもあなた（もしくは仲間）が、なぜか次の行為のどれかを実行したい気持ちに駆られていたら、あなたは確実にホラー映画の中にいる。
・ 棺の中の者がちゃんと死んでいるか〝確認する〟ために棺を掘り返す。
・ ホームレスや知的障害のある子どもにしつこく嫌がらせをする。
・ ウィジャボード（降霊術に用いる文字盤）で遊ぶか、埃まみれの古書を拾い
　 読む。
・ 一家皆殺しといういわくつきの家の中でセックスする。
・ 錆びたドライバーで自分の顔に十字架を刻む。

対話

仲間にひとりずつ「今、何時？」ときいてみろ。彼らから以下の答えが返ってきたら、あなたは深刻な状況に置かれている。

18　第1章　ようこそ《テラーヴァース》へ

ホラー映画でよくある8種のステレオタイプ。

自分がホラー映画の中にいることをどうやって知るか　**19**

- ゲス野郎／イタリア人の答え「ヤる時間、それが今だぜ」
- 黒人青年の恋人の答え「嘘でしょ、あなたじゃないわよね」
- オタク／ユダヤ人の答え「まさかきみがおれの名前を知ってるとはね」
- ふしだらなゴスの答え「あんた、セイコーに興味津々なわけ？」
- 太った青年の答え「んごんご、むふむふ」（口の中がラザニアでいっぱい）

STEP 5.　カレンダーを確かめろ

　ホラー映画の1年には月が3つしかない。7月、10月、12月だ。

　7月は10代の子たちが学校から解放される月──好き勝手に酒を飲み、ビキニを着て、サマーキャンプに参加し、気ままに処女と童貞を奪い合う。

　10月はもちろん最も忌まわしい月──大昔に死んだ連続殺人鬼、幽霊、魔女などありとあらゆるけだものが復讐を誓って生者の世界に戻ってくる。

　12月はクリスマス連続殺人鬼、邪悪なサンタ、霊に取り憑かれた義理の父親、グレムリン、雪に閉じこめられた建物の管理人たちのために予約されている。

　手近なカレンダーに〝5月〟と書いてあれば、少しは気をゆるめてもいい。とはいえ、毎週金曜日がすべて13日に当たっているなら、何月であるかはもはや関係ない。あなたは絶体絶命だ。

STEP 6.　腕時計を確かめろ

　ホラー映画の世界でも1日は24時間だが、そのうち21時間分は夜に相当する。ほとんどいつも周囲が暗かったら、それはもうホラー映画であるサイン。いつも満月である場合も同様だ。だが、昼夜の割合のアンバランスさよりも決定的な証拠となるのは、あなたの個人的な時空連続性に大きなギャップがあるかどうかである。

　もしも「おれはどうやってここに来た？」と自問することが多いと感じたら、おそらくそれはフィルム編集者の仕業だろう。彼があなたの日常生活の退屈な部分──A地点からB地点まで歩く、シャワーを浴びる（あなたがおっぱいのみごとな女性の場合を除く）、カウチで『全米警察24時』の集中放送を見る──をすべてカットしたからだ。

あなたは続編の中にいるか？

　あなたはたぶんこう思うだろう。「続編？　そんなのどうだっていいだろ。ホラー映画の中にいるだけで十分最悪なんだから」と。まあ、そのとおりだ。しかし、自分が第1作にいるのか第2作にいるのか、はたまた17番めの続編にいるのかを知ることは重要である。シリーズのあとのほうに登場すればするほど、あなたが生き残る可能性は高くなる。シリーズというのは長期化するにつれてシナリオがずさんになり、殺害方法にも意外性がなくなり、危険なエリアがわかりやすくなっていく。

　具体例：あなたがサマーキャンプで指導員の仕事を依頼されたとしよう。キャンプ地の名前をネット検索にかけてみたら、過去20年にわたって毎年そこで殺人事件が起きているという記事が37万件ヒットした。あなたはどうする？　きっとハンバーガーのパティをひっくり返すだけの仕事に就いてひと夏を終え、手足を失うことはないだろう。

　だが、どうやって見分けるか。続編とわかるサインを以下に示す。

- あなたが通っているのが、どこの州か不明のこれといった特徴のない大学で、友人たちが「おれたちが大学にいるなんて信じられるか？」的な説明セリフばかり言う。
- あなたの回想がぶれぶれの白黒映像で、内容は他人の不幸な子ども時代。
- あなたの父親がコービン・バーンセン。
- あなたが宇宙にいる。
- あなたが3Dになっている。
- 自分は金のためにここにいるだけ、という奇妙な感覚をぬぐえない。

自分がいるホラー映画のタイプを
どうやって知るか

　説明してきた診断ツールをすべて使うことで、あなたは恐ろしい結論を受け入れざるをえなくなったはずだ。すなわち、どういうわけか自分はホラー映画に閉じこめられてしまったようだ、と。さて、次にどうするか。すべてをもとどおりにする魔法の解決策を見つけようと数ページ先まで飛ぶ？　時間の浪費はやめることだ。そんな解決策などありはしない。「自分はホラー映画の中にいる」と言うのは、「自分はヨーロッパにいる」と言うようなものだ。あなたは範囲を大陸レベルまで絞りこんだ。だが、具体的なことは何もわかっていない。ディナーを注文するときにどの言語を使えばいい？　車を運転するとき道路の左右どちら側を走るべきなのか？　ビーチでトップレスになってもＯＫか？

　ホラー映画の世界にはいくつものサブジャンル（さらにサブ・サブジャンル）がある。そして、それぞれのジャンルごとに異なる生存スキルが求められる。サブジャンルは以下のように分類できるだろう。

スラッシャー（殺人鬼）系
刃物を振り回すサイコパス（人間も超自然もある）。

邪悪な場所や物体系
悪意の宿った乗り物、人を殺す人形、憑依された家。

アンデッド（不死者）系
幽霊、ゾンビ、ミイラ、転生。

牙系
オオカミ人間、エイリアン、ヴァンパイア。

悪魔系
デーモン、呪い、サタン。

　この本には、あなたの生き残りを支援する戦術を各サブジャンルごとに記してある。いよいよ、あなたのいる場所を正確に割り出すときだ。

STEP 1.　映画の舞台設定から手がかりを集めろ

　あなたはすでにまわりをよく見て、ホラー映画かどうかを探る基礎観察をすませた。今度はさらに詳しく見ていこう。見る目さえあれば、あなたがいる場所の設定は映画のサブジャンルを雄弁に物語るはずだ。

人里離れた家、荒廃した家
もしもあなたが若い女性で、家の中にぽつんとひとりでいたら、サブジャンルはスラッシャー系でまちがいない。もしも友人や肉親たちといっしょなら、憑依された家。窓やドアが板でふさがれていたら、家の外では7千体のゾンビがあなたの脳みそを食おうと待ちかまえている。

サマーキャンプ
あなたはスラッシャー映画の中にいる。

宇宙のかなた
とても良質な異星人映画か、もしくは吐き気がするほどできの悪いスラッシャー映画シリーズのあとのほうの1本。

アメリカ中西部
判断がむずかしい。超自然ではないスラッシャーから悪意の宿った車の暴走まで、なんでもありえる。しかし、あなたの友人が森の中で隕石を発見したら、その友人の顔を銃で吹き飛ばし、死体を焼いたほうがいい。一応、安全のためだ。

いつもどんよりしている街

都会派ホラー映画は必ずと言っていいほど悪魔系である。〝呪い〟と〝デーモン〟をリストの上位に入れておくべきだ。

西ヨーロッパ

あなたがいるのは、オオカミ人間映画。

東ヨーロッパ

あなたがいるのは、ヴァンパイア映画。

STEP 2. 映画の予算を見きわめる

　サブジャンルはたいてい予算に応じて分類される。よって、プロデューサーにどれだけ資金があるかを知っておくのはたいへん有用であろう。観察すべき点は以下の3つ。

ロケーション

あなたがいるのは都市か、それとも郊外か（都市での撮影はかなり高くつく）。あなたの住まいは高級住宅か、荒れ果てたワンルームか（セットの建造には金がかかる）。あなたはどのくらいの自由度で別の場所に行けるか（あなたが動き回るほどセットをもっと作るか、ロケーション代を支払う必要が生じる）。

外観

照明は自然に見えるか、それともあなたの気が散るほど平面的で明るすぎるか（プロダクションには才能あるカメラマンや撮影スタッフを雇う予算があるか）。装飾はどれほど入念か。デスクの引き出しを開けてみたとき、中に小道具が入っているか、それとも空っぽか（美術部門の予算はどのくらい大きいか）。

使用許諾

1日すごしてみて、あなたは有名な歌を耳にしたり、本物の映画やテレビ

忍び寄る死の予兆に気づく───二重国籍者

　二重国籍者とは、ホラー映画にのみ見られる特異種の登場人物である。彼もしくは彼女（たいていは年配者）は《テラーヴァース》と現実世界の両方に籍を置き、その中間領域に存在する。二重国籍者はつねに同じような役割を果たす。すなわち、観客にバックストーリーを手際よく説明するとともに、主人公に二者択一───警告にしたがって引き返すか、無視して前に進むか───を迫

るのだ。主人公は不可避的に後者を選択する（そうしないと映画にならない）。しかし、あなたの目的が生き残ることであるなら、出会った偏屈な老人から急いで立ち去るよう言われたときは、その言葉にしたがったほうがいい。物語のお約束などくそ食らえだ。最もありがちな二重国籍者の3タイプを以下に挙げる。彼らを見逃してはいけない。

・呪われた町から少し離れた場所にあるガソリンスタンドの従業員。悪の被害を直接受けたようには見えないが、町に行かないようあなたに警告する（彼が何年もこの土地にとどまり続け、警察に通報もしないのは不思議だが）。
・あなたに「あれが起きたのは、ちょうど今夜みたいな夜だった……」で始まる物語を話してきかせる地元のバーの常連客。
・あなたがカップに5セント硬貨を投げ入れたとたんに腕をつかんでくるホームレスの男。じっと目を見つめてきて、予言めいたこと、たとえば「地獄の家に閉じこめられたら、自由に通じる正しい道を行け」などと言う。もちろんこの助言は映画の終盤であなたの命を救うことになる。連続殺人鬼に追われて地下室から逃げるとき、目の前にドアがふたつある場合だ。

　主人公「片方のドアは左へ、もう片方は……右。
　　　（そこではっとし）
　　　右のドアだ！〝自由に通じる正しい道を行け〟だよ。
　　　まったく、なんて巧妙に書かれたシナリオなんだ！」

もっとも、あなたが最初に彼が二重国籍者であることに気づいて、地獄の家に入らなければもっとよかったのだが。

番組を観たりしたか（そうである場合、プロデューサーは法外な権利料を支払わなくてはいけないので、予算が潤沢であると推測される）。

　以上のポイントから、もしもプロダクションが資金面で苦しいことが示唆されたなら、あなたは低予算もしくは最低予算の（つまり最もありふれたタイプの）ホラー映画の中にいる。もしもあなたの映画がどの範疇に入るか断言できないならば、フィルムメイカーがまずまずの予算をかけている可能性がある。もしも出費の制約がないように感じるならば、あなたはめったにない巨額の予算をかけたホラー映画の中にいるかもしれない。では、予算の多寡はサブジャンルの見きわめにどのように役立つだろう。

低予算もしくは最低予算
映像がぱっとせず、主要なセットはせいぜいふたつか３つ、そしてあなたは都会の近くにはいない。考えられるサブジャンルは、スラッシャー、アンデッド、邪悪な場所や物体。

まずまずの予算
昼間は昼間のように、夜は夜のように見え、あなたは人が大勢いる公共の場所を訪れることができる。おそらくあなたの住まいは豪華に飾られたすてきなファームハウスか、贅沢なマンションだろう。考えられるサブジャンルは、アンデッド、牙系、悪魔系。

巨額の予算
マジか？　あなたがホラー映画の中にいるとしたら、ほぼ確実にエイリアンか悪魔系で決まりだ。だが、あなたが〝サイコスリラー〟をホラー映画と混同するというありがちなミスを犯している可能性も高い。そうだとしたら、この助言を肝に銘じておけ。
「もしもあなたが子どもを見つけようとしているなら、その子は存在しない」
　もうひとつ。
「やったのはあなたの夫だ」

STEP 3.　時間軸を見きわめる

　圧倒的大多数のホラー映画は舞台が現代に設定されている。その大きな理由は10代の若者向けに作られているからで、10代を最も手軽に怖がらせるには、彼らと見た目や話しかたがそっくりの別の10代が切り刻まれる場面を見せればいい。もうひとつの理由は、現代を舞台に撮影すればずっとずっと安く上がるからだ。もしもあなたが自分のはいているズボンがパンタロンであることに気づいたり、冷凍睡眠ポッドの中で眠っているのを自覚したら、サブジャンルの嗅ぎ分けがはるかに容易になる。

過去

あなたが単に回想場面にいるだけという可能性を考慮する必要がある。おばあさんがそこで首を吊ったから家が邪悪なものに憑依された……とか。ただし、あなたが本当に塩漬け豚肉の時代（特に18世紀や19世紀）に囚われているなら、おそらくミイラかヴァンパイア映画の中にいる。どちらも、時代ホラーを作ってはいけないという暗黙のルールをあえて破る、きわめて例外的なサブジャンルだ。

未来

こちらも《テラーヴァース》ではまれだが、あなたが未来的な環境に置かれているなら、たいていエイリアン映画だ（やる気満々の殺人鬼が人類最後のフロンティアに進出していった例も少数ながらある）。

STEP 4.　決定的な証拠を見つける

　映画のサブジャンル判定には、細心の注意と推理を要することが多い。だが、手がかりがあからさますぎて、その先の分析が不要な場合もある。いくつか例を挙げよう。

・ あなたの友人がビーチでSPF値1,000,000,000の日焼け止めを使う。
　サブジャンル：ヴァンパイア。
・ あなたがトースターに入れたパンが急に悲鳴を上げ始める。
　サブジャンル：憑依された家。

28 第1章 ようこそ《テラーヴァース》へ

・あなたの夫が最近よそよそしく、夫婦でレストランに行くたびに〝脳みそ〟
　を注文しようとする。
　サブジャンル：ゾンビ。
・あなたがドアやキャビネットや窓やオーブンや洗濯機やビンや歯磨きチュー
　ブを開けると、必ずネコが飛び出してくる。
　サブジャンル：スラッシャー。
・あなたの子どもに聖書を近づけると炎を上げて燃える。
　サブジャンル：悪魔。

CRAVEN メソッド

分析の時間は終わった。あなたは確かに《テラーヴァース》に吸いこまれたようだ。べそをかくか、パンツにもらしてしまいたい気分だろうが、気をしっかり持て。さもないと、ブギーマンによって心底泣きたいほどの目にあわされてしまう（やつがあなたの目を残しておいてくれたら、だが）。今のあなたに必要なのは、迅速な行動のみ。このような切迫した状況のために開発されたのが、CRAVEN（クレイヴン）メソッドだ。これはホラー映画の被害者に役立つ一種の〝止まれ、倒れろ、転がれ〟（訳注・服に燃え移った火を消すための合言葉）であり、あなたが勇気を奮い起こして当面の危機から脱するまでの命を長らえさせる方法といえる。それでは深く息を吸って、文字から目を離さず、わたしについてくるのだ。生き延びたいのなら……。

C：身を隠す（COVER）

あわてふためいて走り回るのは、背中からマチェーテでやられる近道だ。今あなたに必要なのは、一時的な作戦本部。そこで額の汗をぬぐい、使い慣れた吸入具から喘息の薬を吸いこみ、計画を立てる。そのために最適な場所は以下のとおり。

ありふれた家

理想の要塞とはいえないものの、平均的な２階建ての家は最も手近な選択肢だ。あなたがすでに１軒の中にいればOK。そうでないなら、最初に目についた家に飛びこめ（中に家族がいたら、なおよい。彼らの通報で警官隊が駆けつけたとたん、ホラー映画の悪役はたいてい逃げ去ってしまう）。一番上の階へ行き、すべてのクローゼットを調べ、ベッドの下を覗きこみ、使えるものをなんでも使ってドアと窓をバリケードでふさげ。

給水塔

もしもあなたの映画が中西部の小さな町を舞台にしていたら、あたりで一番高い構造物は給水塔だろう。最上部まで登ることができれば、戦場を360度ぐるっと俯瞰できる防御力の高い場所を確保したわけだ（唯一、長いはしごだけを警戒すればよい）。さらに好都合なことに飲料水が手に入るので、必要であれば持久戦にも耐えられる。

教会

キリストの力は、すべての邪悪な存在を阻止するわけではない（ゾンビは名うての無神論者だ）が、あなたを追いかけてくる悪魔や超自然的な殺人鬼やヴァンパイアの速度を鈍らせることはできるだろう。しかも、教会には警護すべき出入口が少なく、また何列もある礼拝ベンチはバリケードにもってこいだ。鉛で縁取られたステンドグラスは頑丈で破られにくく、教会の多くは見晴らしのきく尖塔や鐘楼を有している。

ひとつ警告しておく。〝過剰なバリケード〟は、ホラー映画ではおなじみの落とし穴である。人は外敵の侵入を防ぐことに熱心なあまり、自分のために出口を確保するのを忘れてしまいがちだ。たとえば、銀行の金庫室に入って扉をロックすれば、追ってきた殺人鬼を食い止められるが、そのあとどうする？　忘れるな、CRAVEN メソッドはあくまで一時しのぎにすぎない。本格的な外科手術を始める前にひとまず止血するようなものだ。ただし、あなたがヴァンパイアに追われているなら、その場合は朝までじっとしているにかぎる。

R：偵察（RECONNAISSANCE）

さて、あなたはひと息つくことができた。敵がどこにいて何をしようとしているか、それを知るべき段階だ。教会の尖塔や給水塔といった高所が確保できなかった場合は、隠れ家の一番高い窓から外を覗いてみろ。襲撃者の姿が見えるか？　相手はじっと立っているか、それとも中に押し入る方法を模索しているか？　襲撃者は家の左右どちら側で重点的に動き回っているか？　襲撃者が群れの場合、並びがまばらで手薄な部分があるか？　目の届く範囲に、使われ

ていない車、もしくは交通量の多い道路があるか？　こうした情報のすべてが、最も有望な脱出経路を選択する助けとなるだろう。

　もし襲撃者の姿が見えなければ、やつはあなたのすぐ後ろにいる。いや、待て！　振り向いてはいけない。まだこのページを読んでいるふりをしろ。冷静に……よし、それでいい。では、３つ数えたら、両腕で顔を守りながら手すりを跳び越え、鐘楼から飛び降りるか窓を突き破るかして外に出ろ。飛ぶか、死ぬか、ふたつにひとつ。

　用意はいいか？

　1……2……いや冗談だ、まんまと騙されたな。

A：武器（ARSENAL）

　自由への道が見えてきた。ここであなたがすべきは、戦いながら道を進むことだ。それには武器が必要となる。家の中に立てこもっているなら、野球のバットや包丁、それがなければ、なんでもいいから家の中で子どもがおもちゃにするのを禁じられているものを探せ。オーブンクリーナーのスプレー缶だって何もないよりはいい。教会に隠れているなら、重い燭台か献金皿をつかめ。皿を投げれば、敵の首を切り落とせる。給水塔の上にいるなら、手近にある……ううむ、給水塔に武器となるものはあまりない。

　登る前にそのことを考えておくべきだったな。

V：車両（VEHICLE）

　あなたは意を決して武器を手に取った。偵察中に、近くに使われていない無人の車か、交通量の多い道路があるのを見つけてある。今こそ動くときだ。アドレナリン全開で走りだし、進路をふさぐ連中を武器で手当たり次第に殴り、切りつけ、目をつぶせ。あなたの目的——唯一の目的——は、一番近くの乗用車かトラックにたどり着き、猛スピードで町から逃げることだ。

　あなたが空っぽの車のほうに先にたどり着いたら、すぐに乗りこみ（わざわざウィンドーを割ることはない。車はロックせずに置いてあるから）、ドアを閉めてロックし、運転席のサンバイザーを引き下ろせ。キーがあなたの膝の上に落ちてくるはずだ。エンジンをかけるときに何度もキーを回すはめになるが、

32　第1章　ようこそ《テラーヴァース》へ

心配はいらない。襲撃者が車に追いついてウィンドーを叩く瞬間、ちゃんとかかる。

　あなたが交通量の多い道路のほうに先にたどり着いたら、往来に飛び出して両手を激しく振れ。走ってきた車には必ず魅力的な異性が乗っていて、ぎりぎりのところで気づいてブレーキを踏み、スキッドした車があなたにぶつかってくる。そう、あなたは大怪我してしまったが、これで恋人候補が——さらに重要なことに乗り物も——手に入った。

車を確保したら、サンバイザーを引き下ろせ。キーが膝の上に落ちてくる。

E:逃げろ（ESCAPE）

　このパートはむずかしくない。ひたすらアクセルを踏みこめ。後ろは振り向くな。あなたがセクシーなブロンド美女の車に拾われたなら、ベンチシートの隣にいる彼女に身を寄せ、目と目を見つめ合い、あとはよろしくやればいい。

N：北へ（NORTH）

　《テラーヴァース》にあるアメリカでは、北の方角がいつも吉となる。もしもあなたがメイン州にいるなら、すぐに安全圏（無ホラー率98パーセント）のカナダに行ける。太平洋の向こうから来た呪いのビデオテープに悩まされている北西部も、北はカナダだ。もしも不毛の南西部にいるなら、すぐ北はラスヴェガス。夜明け前にはスロットマシンを楽しめる。エイリアンだらけのペンシルヴェニアの農場にいるなら、北にはニューヨーク州北部エリアがあり、そこではみんなホラー映画があることすら忘れているため、ホラーがほとんど存在しない。さあ、シフトレバーを〝D〟に入れ、方位磁石の〝N〟を目指し、捨てゼリフに〝F〟で始まる言葉を吐きながら、そこから逃げろ。

緊急脱出ポッド・#1　ジャンルの急転換

　あなたがもはや死をまぬがれない状況——首にあてがわれた牙、喉に突きつけられたナイフ——におちいったとき、間一髪で逃れるための実績ある手段が4つだけある。それらは爆発的に荒っぽい最後の手段ということで、緊急脱出ポッドと呼ばれる。

　緊急脱出ポッド・#1は、ジャンルの急転換だ。その狙いは、殺人鬼（とシナリオライター）の頭を混乱させて、差し迫った危機から逃れる時間を稼ぐことにある。目下の状況とまったくそぐわない行動を取り、観客に「待てよ、これって本当にホラー映画か？」と言わせたらしめたものだ。

リップシンクを無視して好き勝手なセリフを喋る
魔法の剣のありかを教えるよう相手を詰問しろ。すべてのセリフに〝仇討ち〟とか〝導師さま〟といった単語を混ぜること。ジャンルは、たちまちアクションファンタジーに変わる。

おならをする
あなたはついさっきまでパンツにもらしそうだったのだから、これは簡単にちがいない。ジャンルは、10代向けのベタなコメディに変わる。

襲撃者の口に舌をすべりこませる
あなたに迫りくる襲撃者のタイプによってはものすごく気持ち悪いだろうが、きわめて効果的だ。ジャンルは、ロマンスに変わる。

煙草に火をつけ、襲撃者をイタリア語で激しくなじる
何も本物のイタリア語である必要はない。ただひたすら両手を動かせ。ジャンルは、芸術を気取った外国映画に変わる。

イギリスっぽい英語で禁欲的なモノローグを長々と語る
その内容は後悔の人生、報われぬ恋、ヨークシャーの屋敷ですごした夏、などなど。ジャンルは、ジェームズ・アイヴォリー監督作品に変わる。

ホラー映画版・7つの大罪

　7つの大罪の起源は、キリスト教の歴史の初期にまでさかのぼる。教義を信じる者たちが醜い本能的衝動——色欲、高慢、憤怒、暴食、怠惰、嫉妬、強欲——に溺れるのを防ぐ方法として考案された。カソリックにおいてこれらの大罪に対する罰は、昔も今も告解と祈りを通して与えられる。だが、末日ホラー映画派教会では、別の7つの大罪が用意されており、それらに対する罰はただひとつ……。

第1の大罪：疑心

　ホラー映画の登場人物には、2種類のタイプがいる。あなたの話を信じる者と信じない者だ。信じる者もけっして安全とはいえないが、少なくとも彼らは生き残りへの長い道のりに最初の一歩を踏み出せる。しかし、疑う者はつねにエンドロールの前に死ぬことを運命づけられている。

「ただの夢だよ、ハニー」

いいや、ただの夢ではない。みんな、目を覚ませ。自分が残忍に殺される夢を息子や娘、親友が夜ごと繰り返し見ているというのに、あなたはまったく聞く耳を持とうとしない。馬鹿なのか？　これはホラー映画なのだ。恐ろしい夢はすべて現実である。そのつもりで対処しないと、あなたも遠からずあなた自身の悪夢の中に取りこまれるだろう。

「おまえの話はもう聞き飽きた！」

このセリフはたいがい父親か警官、またはその両方の口から飛び出す。事態に介入して力を貸す機会が山ほどあるというのに、彼は若者の目撃談を信じようとしない。過去12年にわたって夏に必ず残忍な殺人事件が起き

ているのに、なぜ信じないのか？　それは、殺人犯であるサイコパスを
ハーリー爺さんのタバコ畑に埋めたのが、ほかならぬ彼だからだ。手にか
けたのは彼なのだ。マリファナをやっている若造が何かを見たからといっ
て、どうしてすべてを投げ打って捜査に乗り出したりするだろうか。

「そんなの、両親が話してた幽霊話にすぎないよ」

ああ、そうだろう。だが、それは現実となる。この17年間ずっとママと
パパから、廃墟になったマネキン工場に入るな、と言われてきたのなら、
正しい行動はひとつ——廃墟になったマネキン工場に入るな。

第2の大罪： マッチョ

　鍛えた自分の体力と技があれば転生した連続殺人鬼をやっつけられると考え
ているフットボール選手。ヴァンパイアにテキサスの流儀を教えこもうとする
無学な白人労働者。相手より恐ろしい形相で宇宙人に戦いを挑む兵士。彼らは
みんなタフで、みんな死ぬ。忘れるな、男性諸君。ホラー映画でテストステロ
ンはシアン化合物と変わりがない。

「こいつを食らいたいか？」

あなたもこの手の男を知っているだろう。これ以上我慢できない男だ。

マッチョな男　「で、あんたのプランは？
　　　　　　　何もしねえでここで待つってか？
　　　　　　　何を待つ？　おれたちがひとりずつ殺られるのを、か？
　　　　　　　（最後の1発が入ったショットガンをつかむ）
　　　　　　　ふざけんな！　おれはごめんだぜ」

彼は「出てこい、姿を見せろ、この腰抜け野郎！」などと叫びながら外に
飛び出していく。そして……まあ、結末はご存じのとおりだ。

「おれたちが来たからにはもう安全だ」

ほら、銀河一勇猛な海兵隊がエイリアンだらけの惑星にお出ましだ。わた

しが同じ話を繰り返しているようなら、指摘してくれ。

「殴られたくなきゃ、黙っておれにオムレツでも作れ」

マッチョの大罪を犯す者の中でも最悪なのが暴力夫や暴力彼氏だ。もしもあなたがホラー映画の中で女性を虐待するなら、当然の報いとして観客が拍手喝采する待ったなしの死を約束され、そこから救ってくれる本は存在しない。

第3の大罪：孤立

　ヌーのドキュメンタリーを見たことがあるだろうか。彼らがライオンやワニに引き裂かれるスローモーション映像ばかりを集めたやつだ。あれはすごいよな。捕食者がなぜいつも群れの端にいるやつを仕留めるのか、考えてほしい。襲われる個体は決まって動きが遅すぎるか頭が悪すぎて、数の力を発揮できないやつだ。これは偶然の一致ではない。

「もう勝手にして。わたしは家に帰る」

あなたは道のりの3分の1までは帰れるが、そこで背後から小枝の折れる音が2回か3回聞こえたとき、これがいい考えではなかったようだと気づく。だが、そのときはもう手遅れだ。パニックに襲われて小走りになり、すぐに全力疾走に変わり、それから……おっと、ネタバレはしないでおこう。

「悪ふざけはよしてよ、ちっとも笑えないわ」

そう、確かに笑えない。あなたはぼうっとして仲間からはぐれてはいけなかった。そうそう、ちなみに、あなたの寿命はあと4秒ほどだ。

「みんなで手分けすれば、捜索範囲が広がるぞ」

〝捜索範囲〟の代わりに〝血の海〟と言うべき。

どんな場合でも絶対に絶対に行ってはいけない10の場所

❶ ぶら下がった裸電球ひとつで照らされた部屋

❷ 明かりのない部屋

❸ アーリントン国立墓地以外の墓地すべて

❹ 1年間の指導員殺害率が10パーセントを超えるサマーキャンプ

❺ メイン州

❻ 古びた○○○○○

❼ 世界規模の巨大チェーンに属していないホテルやモーテル

❽ 上の階

❾ 下の階

❿ 地球上にあるログキャビンすべて

第4の大罪：不細工

　ホラー映画はけっして人に平等ではない。そのことは、ニキビ面やメガネ、座席にカッテージチーズをこぼすような人たちにいっそう当てはまる。ホラー映画の〝太ったおもしろいやつ以外はみんな10代のモデル〟な世界では、美男美女でないことが罪なのだ。もちろん一番の美形でさえ殺されることがあるのは事実だが、それは第4以外の別の大罪を犯しているからだ（特に第7）。ルックスがいいという理由だけで殺されることはめったにない。それに対して不細工な人たちは、防弾ベストを着用し、山中の地下施設にあるクッション壁でおおわれた部屋にこもり、周囲を武装した警備員に守られていても、開始1時間もたたないうちに殺されてしまう。

第5の大罪：好奇心

　映画の中の女の子が変な物音を耳にして、どこから聞こえるのか探りに行こうと決心する場面を見たことがあるだろう。彼女が階段を上っていくとき、映画館の客席でみるみる緊張が高まるのに気づいただろうか。それは観客がホラー映画の基本公式のひとつを知っているからだ。

探求 ＝ 切断

今やあなたがその登場人物になってしまった。あなたが〝何かを確かめに〟行くとき、その一歩ごとに客席の空気が張りつめていく。会話に次のようなセリフが入っていたら、なおいっそう。

「そこにいるのはきみか、パッチ？」

〝パッチ〟というのが、カミソリの刃を指先にはさんでクローゼットにひそんでいる全裸の男にあなたがつけたあだ名だとしたら、そう、そこにいるのは彼だ。

「あんな古くて気味の悪い家の中はどんな感じなんだろう」

おそらく〝古くて気味の悪い家っぽい感じ〟になっている。あなたや、まもなく手足を切断される仲間は足を踏み入れてはいけない。

「あれは死んでると思うか？」

いいや。試しに死体に近づいて棒の先でつついてみるがいい。そいつがあなたの腕をつかみ、顔の半分を食いちぎるところを観客は見たがっている。

第6の大罪：無責任

あなたがドアの見張りを任されたのなら、ちゃんとドアを見張っていろ。用を足すために持ち場を離れるな。子どもを見ているよう頼まれたら、ヘッドホンをして大音量の音楽を聴くな。悪夢を見ている徴候が友人にあらわれたらすぐに起こす役目なら、眠りこけるな。それのどこがむずかしい？　ホラー映画の中では、あなたが仕事を受けて、任務をきちんと遂行できなかったら、あなたとあなたの身近な人が死ぬことになる。

・「なあ、ちょっとぐらい寝たっていいだろ」──二度と起きられない。
・「子どもたちはぐっすり眠ってるって」──いいや、子どもたちは死んでいる。
・「なんでおれにこんなくそ仕事ばっか押しつけるんだよ」──なぜならあな

たはまぬけで、簡単な仕事すらまともにこなせない事実をほどなく証明するからだ。

第7の大罪：カーセックス

ヤったら死ぬ――ホラー映画のセックスにまつわる有名な格言だ。正しいとも言えるし、ちがうとも言える。《テラーヴァース》にいるあいだは、あなたのそれはパンツにしまっておくほうが賢明であるが、セックスをしたのに生き残ってその経験を得意げに話す人たちもたくさんいる。その理由は、彼らが自宅でくつろぎながら、あるいはまっとうな風俗店で人目を忍びながら、交尾するからである。すなわち、確実に死をもたらす〝汚らわしい行為〟を避けたからにほかならない。そう、カーセックスのことだ。サマーキャンプの指導員は機材運搬用のワンボックスをこっそり森の中に持ち出してヤり、プロムのキングとクイーンは学校の駐車場でヤる。現実の世界では、セックスと車は切っても切れない。だが《テラーヴァース》では、誰かがトランク（ス）の中にある長くて硬い棒を所望したら、タイヤレンチでも渡しておけ。

車のバンパーに〝どうぞ殺してください〟ステッカーを貼ってはどうか。

ホラー映画の高校生活を
どうやって生き延びるか

　ホラー映画の中にいるあなたにとって、14歳から18歳までの子どもが集まっている建物ほど危険な代物はない。悪魔や連続殺人鬼や化学兵器よりも危険だ。あなたは《テラーヴァース》に招かれた客だから、高校生である可能性が高い。最低限でも学校になんらかの関係がある人物——教師、保護者、最近の卒業生——だろう。であれば、〝フレッシュマン15（本来の意味は新入生の体重が1年で15ポンド増えること）〟が1学期に死ぬ被害者の数を意味する場所に、どれほど多くの危険があるかを理解しておくことが重要である。その知識を自分のために利用するもよし、友人や愛する者たちに譲るもよし。いずれにせよ……ホラー・ハイスクールにようこそ。

STEP 1.　キャラにはまらない

　ありがちな設定満載のホラー映画を書くシナリオライターは、「愛嬌のある太っちょでいくか」とか「ここは生意気なゴスっ娘がぴったりだ」といった思考をする。まちがっても「この映画の観客である10代の子たちが分類にとまどうような特徴がまったくないキャラクターが必要だな」とは考えない。

　そのとおり。あなたが目指すべきは豆腐のような人物になることだ。どんな食材ともうまく混ざるが、そのものだけではまったく興味を引かない（もしくは食欲がわかない）。そういう登場人物になるには、ドレスコードが大きくものを言う。

服装
男子生徒に推奨する服装は、身体に合ったブルージーンズ、白かグレーか黒のTシャツ（スローガン、バンド名、ロゴのないもの）、ローカットスニーカー。女子生徒に推奨する服装は、シンプルな膝丈スカート、露出の

42 第1章 ようこそ《テラーヴァース》へ

少ないアースカラーのトップス（できればその上に黒のカーディガン）、
バレエシューズ。

髪型

あなたが男子なら、地元にある有名チェーンのヘアサロンに行って次のよ
うに注文する。トップは短く（寝癖風にしない）、すそは丸く切りそろえ、
サイドは長さ5〜6ミリにカット。ジェルは断り、もみあげは残さない。
もちろんヒゲなど論外だ。女子の場合は、ポニーテール（前髪なし）にし
てさえおけば目的にかなう。

アクセサリー

原則としてアクセサリーは避けるべきだ。しかし、どうしても必要に迫ら
れたら、シンプルなもの——安物の腕時計（レトロ感、電卓、幅広バンド
は不要）、細いゴールドかシルバーのネックレス（宗教的なシンボル、ロ
ケット、ＩＤタグはなし）、簡素なイヤリング（女子限定。フープはだめ。
フープをするのはあばずれだけ）——にしておくこと。

STEP 2. 技術科教師と親しくなる

ほかの教師がエイリアンかヴァンパイアだと判明したときでさえ、あなたは
技術科教師を頼りにしていい。彼のブルーカラー魂に勝利が期待できるだろう。
しかも、彼は電動工具を持っている。

あなたが同級生をからかうのをすぐにやめるべきサイン

・部屋のドアがいっせいに大きな音をたてて閉まる。
・同級生が鼻血を出す。
・あなたが鼻血を出す。
・同級生がまばたきもせずに遠くをじっと見つめる。
・同級生が冷淡な口調で「わたしがきみならそんなことはしない」的なこと
　を言う。
・屋内にもかかわらず同級生の髪が風になびき始める。

技術科教師：あなたにとって最も頼りになる味方。

STEP 3. ロッカーを使わない

ホラー映画において、自分用のロッカーの前にいるときに降りかかるできごとはたったの4つ。いいことはひとつもない。

いじめっ子にからまれる

あなたはいじめっ子に教訓を与える必要に迫られ、結果、トウモロコシ畑パーティに行くことになり、最後にはむごたらしい死を迎える。

扉を開けると中に気味の悪い何かがぶら下がっている

それは古代の呪いを発動させ、結果、あなたは永遠の眠りからよみがえった魔物に取り憑かれて、最後にはむごたらしい死を迎える。

友人がいいことを思いつく

あなたは幼稚ないたずらをし、結果、怒らせてはいけない相手を怒らせてしまい、最後にはむごたらしい死を迎える。

44 第1章 ようこそ《テラーヴァース》へ

転入生の子が廊下をスローモーションで歩くのを見る

気がつくとあなたは転入生の子をものにしようと追いかけ回し、結果、相手が残忍なサイコパスだとわかり、最後にはむごたらしい死を迎える。

STEP 4. 放課後の誘いはすべて丁重に断る

ホラー映画では、ロッカーの前でいいことがひとつも起きないのと同様、放課後に何かしようと誘われたとき、応じてもろくなことがない。

「今夜、わたしがベビーシッターのバイトしてるとき、遊びに来ない？」

遠慮しておけ。自宅にとどまり、カミソリひれのピラニアに火をつけてジャグリングできるか試すといい。そのほうがまだ安全だと思う。

「すごいパーティがあるらしいぜ。場所は……」

聞くのをすぐにやめろ。〝すごいパーティ〟の実体が、3人の不細工な男子生徒とひとりの退屈な女子生徒が森でぬるいビールを飲むだけだと、あとでわかるだろう。その4人はそれぞれ放尿しに出歩いたときに食われてしまう。

「きみもキャンプに来たほうがいいよ」

行かないほうがいい。誘ってきた相手は首を切断されることになるから。

「今夜、板で封鎖されたホテルに忍びこんで、この謎のラテン語の本を読もう」

どうぞ楽しんで。わたしは南極に行ってるから。

STEP 5. 学校行事を伝染病のごとく回避する

春のプロムも秋のホームカミングデーも忘れろ。あなたの目的は、できるだけ生徒や教師たちと交わらないことだ。彼らといっしょにいるとき（校内でも校外でも）、あなたは危険に対して無防備だと自覚すべきだ。

STEP 6. みんなに親切にする

　みんなといったら、文字どおりみんなだ。弱い者いじめが大好きな巨体のろくでなしから、歯列矯正をしている小心者の太っちょまで、たとえ恩を仇で返されようと。これは絶対的ルールではなく、実行しても必ず生き残れるとはかぎらないが、これだけは忘れるな。《テラーヴァース》はくそ野郎を嫌悪し、そいつを排除する方法をいずれ見つける。

第 2 章

SLASHER SURVIVAL SCHOOL

MASKS, GLOVES, AND MOTELS

スラッシャー・サバイバル・スクール
〜マスクと手袋とモーテルと〜

ノーマン「母さんは、たまにちょっとおかしくなるだけさ。
そういうことは、誰にだってあるだろ」
――『サイコ』（1960）より

心臓病のことなど心配するな。癌も気にしなくていい。《テラーヴァース》における死亡原因の第1位は、殺人鬼である。われわれの半数以上が彼らのナイフや、手袋をした手や、斧で死にいたる。別に殺人鬼が特別狡猾なわけではない。たいていはわれわれ（餌食）のほうが度しがたいほど愚かだからだ。さあ、ちゃんと服を着て、キャンプ小屋のドアに鍵をかけ、このひどい状況から生きて抜け出そう。

殺人鬼（スラッシャー）の5つのタイプと その対処法

SLASH・ER ［読み］スラッシャー
［意味］切り裂く者

《テラーヴァース》で最も一般的な捕食者といえる殺人鬼（スラッシャー）は、獲物である人間を手荒く殺害したり切断するのに鋭利な刃物を使う傾向があるため、広くこの名で呼ばれている。

スラッシャーの美は、サメと同様、その単純さにある。まさに完璧な殺人マシン、死の内燃機関であり、細胞のひとつひとつ、動きのひとつひとつが殺戮に奉仕している。シュモクザメ、ホホジロザメ、コモリザメが存在するように、殺人鬼にもさまざまな形状やサイズがある。その分類種は3つ。生きている者（ラテン名：スラシュス・ヴィターリス／例：連続殺人鬼、サイコパス）、やや生きている者（ラテン名：スラシュス・セミアニミス／例：蘇生した精神病患者）、あまり生きていない者（ラテン名：スラシュス・モルタリス／例：死んだ子どもの殺人者）である。それぞれの種はさらに5つのタイプに分類され、識別や撃退にはタイプごとに異なるスキルが求められる。

TYPE 1. 怪力で無口なタイプ（ SST＝STRONG、SILENT TYPE）
識別法

SST（Strong, Silent Type）はしばしばマスクとカバーオールでみずからの醜悪な外観や腐敗した肉体を隠しており、けっして喋らない（心的な理由、もしくは声帯が腐敗しているため）。異様に大きな体格にものを言わせ、ふつうの人間の全力疾走よりも速い歩行が可能。痛みの受容体を持たず、撃たれようが刺されようが手足を切断されようが、びくともしない。武器の嗜好は、肉切り包丁とマチェーテ。おもな棲息地は、小さな町や樹木が鬱蒼と茂る地域。

撃退法

　頭を使え。あなたは追ってくるＳＳＴを振り切れないし、互角にも戦えないが、彼らの弱点を利用することはできる。弱点とは、一次元的な思考だ。ＳＳＴは目先のことしか考えられない生き物で、目の前の獲物しか見えないし、それしか興味がない。こうした視野の狭さのせいで彼らはきわめて罠にかかりやすく、特におとり（人間でも物体でも）には簡単におびき出される。あなたの望む場所に彼らを誘導できたらどうすればいいか。無口な彼らを永遠に沈黙させる方法はふたつ。❶彼らを灰になるまで燃やし、その灰をセメントと混ぜて水に溶き、そのセメントで小児病院を建設する。もしくは❷油圧プレスで彼らを押しつぶし、その肉塊を木材粉砕器に３回通し、できあがったミンチを子犬たちに食べさせる。

TYPE 2. ゲームマン

識別法

　ゲームマンは、ありきたりな殺害方法では満足しない。たとえば、あなたの親友を殺したり、あなたの肉体を切断したりして、あなたの苦痛をじわじわ引き延ばしたいのだ。彼らは信じられないほど長い時間をかけて計画を練る。それはたいてい獲物を薬物で眠らせて拉致することに始まり、鎖で拘束しておいて目を覚ますのを待ち、マイクごしにいたぶる。次いで〝自分がどれほど本気か見せる〟ために暴力を誇示してから、〝死にたくなければ［ここに複雑で恐ろしい課題を挿入のこと］をしなくてはならない〟段階に進む。当然ながら、課題をクリアしても自由を与える約束は果たされない。武器の嗜好は、過剰品質の拷問装置と外科手術用の器具。おもな棲息地は、都会の倉庫街地区。

撃退法

　とぼけろ。あなたは何かを命令されるたびに、それがどんなに基本的なことがらであっても説明を求めること。万能ナイフで自分の手を切り落とせと言われたら、「どのアタッチメントがオススメ？」とか「まず指先から始めて、指のつけ根に進み、最後に手首の部分を切るべきかな？」などと質問すればいい。ゲームマンは神を演じることで快楽を得ているのだ。馬鹿げた質問に答えさせて、彼をあなたと同じレベルに無理やり引きずり下ろせ。それこそが彼の一番

嫌がることだから。彼が動揺してミスを犯したら、それが脱出のチャンスにつながるかもしれない。さもなければ、彼はあなたの頭に45口径を突きつける。いずれにしても、策を弄せば自分の身に跳ね返るものだ。今どき誰が彼のくだらないゲームの相手などするだろうか?

TYPE 3.　半分イカレた田舎者（ヒルビリー）

識別法

　ホラー映画では、あなたの車が故障して止まった場所が世界から見捨てられたような干からびた田舎町だったら、そこで出会う人間は半分イカレた田舎者（ヒルビリー）か、彼と示し合わせた仲間のどちらかだ。よくある展開としては、あなたはその土地に1台しかないレッカー車の運転者を頼るはめになるが、その男こそ実は地元に住む近親交配の殺人一家の捕獲役であることが判明する。やがてあなたは彼らの地下牢に監禁され、拷問を受け、殺され、埋められ、掘り起こされ、最後に食われる。ヒルビリーたちが殺人を繰り返すのはDNAのなせる業で、言ってしまえば、ほかにやるべきことがないのだ。武器の嗜好は、農機具。おもな棲息地は、半分イカレたヒルビリーがいるあらゆる場所。

撃退法

　敵の上をいけ。ヒルビリーたちは、生まれつきのアブノーマルさ（切り取った睾丸でいっぱいのビンから飲みものを飲む、一番毛深い家族に少女用レオタードを着せる、など）を見せつけてあなたをおびえさせるのが好きでたまらない。しかし、あなたには彼らにない武器がある。21世紀の世界観だ。あなたがナイトクラブの洗面所で目撃した光景や、インターネットで見つけたドイツのエロ動画など、現代のホラー物語を話して彼らを逆におびえさせろ。それで彼らがたまらず嘔吐し、あなたを州境まで車で送らなかったら、残念ながらほかに打つ手はない。

TYPE 4.　ワイズクラッカー（軽口ばかり叩くやつ）

識別法

　彼らは高い知性と独創性を持ち、タイミング感覚が絶妙である。ほかのス

道具小屋にある武器

　もしも《テラーヴァース》で武器を探すなら、最寄りの道具小屋（もしくはガレージ）に侵入して物色すればよい。ただし、選択は賢く！

利用可

- **チェーンソー**：ホラー映画で防御に使う武器の定番。軽くて殺傷力抜群。
- **手斧**：威力はチェーンソーより劣るが、頭蓋骨を割ったり脊髄を切断する用途には扱いやすくて便利。
- **鎌**：持ち手が短いのも長いのもOK。腹部を切り裂くのに打ってつけ。
- **千枚通し**：眉間や眼球を簡単に突き刺せる上、胸ポケットに入れて持ち運べる。

利用不可

- **シャベル**：先端が重すぎる。しかも〝自分の墓穴を掘らされる〟場面を作る機会をシナリオライターに与えてしまう。
- **熊手**：これで何をする？　敵を引っかき殺すのか？
- **ノコギリ**：作業にひと晩かかってしまう。
- **大型ハンマー**：あなたが『特攻野郎Aチーム』のコングことミスター・Tであれば別だが、これだけ重いものを振り回すのはほぼ不可能。

ラッシャーと異なり、ワイズクラッカーは周囲の世界を受け入れている（特にポップカルチャー）。ほかのスラッシャーはあなたの頭部を切断するだけだが、ワイズクラッカーは切断してからあなたの頭部をごみコンテナに投げ入れ、「おれは頭が切れる」と言う。また、どういうわけかむやみに言葉の韻を踏むという性癖がある。ワイズクラッカーを撃退するのはかなりむずかしい。観客がいつも彼らを応援するからだ。武器の嗜好は、カミソリの刃と、本来の使用目的を笑える方向にねじ曲げた道具。おもな棲息地は、小さな町と悪夢の中。

撃退法

不安にさせろ。なぜいつも軽口を叩かずにいられないのか、問いつめるのだ。人のやさしさを知らずに大きくなったからか？　絶えずおもしろいことを言わないと好かれないと思っているのか？　10代のころに自分をからかった連中を思い出すから、10代の子たちを殺さずにいられないのか？　殺すことで孤立し、ますます悪循環にはまることに気がつかないのか？　そうした質問に効果がなければ、彼らが軽口を叩くたびにこの魔法の言葉を繰り返せ──「意味わかんない」。

TYPE 5. ママっ子

識別法

母親の支配から抜け出せない哀れな男の子。ひどく傷つき、愛を知らない。ほかの男の子たちと遊ぶのを母親が許してさえいれば、彼の趣味である剥製作りはせいぜい齧歯類の段階で止まっていたかもしれない。ひょっとすると命を絶つのでなく救う側の職業、たとえば医者になっていた可能性だってある。だが、そうはならなかった。母親はずっと怒鳴り続けてきた。14歳にもなった彼を風呂に入れるときでさえ、いかに彼の身体が汚らわしいかを言って聞かせるのだ。いかに彼が罪深いかを。ママっ子（女の子もありうる）は母親を殺さなくてはならない。何度も、何度も、何度も。だが、母親はけっして死なない。武器の嗜好は、肉切り包丁。棲息地は限定されない。

撃退法

ナンパしろ。いや、マジに。彼らがあなたの胸を刃物で突き刺そうとしたら、両手を挙げて、ちょっと待つように頼み、夜の街に繰り出して遊ばないかと誘え。ママっ子は刃物を落とし、にわかにすすり泣きを始めるだろう。何しろ誰かに誘われるなんて初めての経験だから。クラブをはしごし、リスの解剖に関する彼の退屈な話に興味があるふりをし、どこかのイケメンにいくらかつかませてママっ子に色目を使うよう頼め（男のママっ子も女のママっ子も求めるのは男性──これは本当）。この戦術はあなた自身を救うだけでなく、将来の被害者も大勢救う。

夏休みをどうやって生き延びるか

　　ああ、夏の若者よ。7月の輝かしい1日の正午近くに目を覚ますと、窓辺では鳥たちがさえずり、これまで何千回もよじ登ったオークの木ではそよ風がさらさらと葉を揺らす。世界はあなたのものだ。時間はいくらでもある。

　　だが、そうはいかない。ここは現実世界ではなく、ホラー映画の中だ。夏の長い1日は鳥のさえずりで始まり、あなたが森で喉をかき切られて終わる。あなたが夏休みを迎えた10代（もしくはヤングアダルト）だったら、毎日が人生最後の日となる。そうなりたくなかったら、ホラー映画の若い登場人物がいつも犯す愚かなミスを、あなたは全力で回避しなければならない。

STEP 1.　キャビンに近づかない

　　森の中のキャビンは《テラーヴァース》における虫取り器のようなものだ。そこでは、われわれの種の中でも特に騙されやすい者たちが一瞬のうちに駆除されてしまう。

「よお、キャビンがあるぜ。クールじゃんか、中に入ってみよ……うわっなんてこった、おれの腸が床にばらまかれちまった！」

　　人里離れた場所の老朽化したキャビンで夏をすごそうと決めた人たちは、歴史から何も学ばず、飛んで火に入る夏の虫と同じ運命をたどることになる。ルールは単純。どこの場所であろうとキャビンに入ったら、あなたは24時間以内に死ぬ。保証しよう。

STEP 2.　宿泊キャンプには行かない

　　答えてほしい。キャンプ場以上にキャビンの数が多い場所がほかにあるだろうか。

夏休みをどうやって生き延びるか **55**

「確かにおれはホラー映画の中にいるよ。でも、森の真ん中に建ち並ぶキャビンのまわりをぶらついてみたけど問題はなさそうだぞ。中には10代の子がいっぱいいて、マリファナやエッチをしてるだけだ」

あなたは頭がおかしいのか。キャンプ場ほど殺害率の高い施設はないのだ。たとえば、全校生徒1,000人の高校で映画1本につき7、8人が殺されるとして、その殺害率は1パーセントに満たない。だが、合計40人のキャンプ参加者と指導員たちが映画1本につき同じ人数だけ殺されてみろ。殺害率は20パーセントにまで達してしまう！　ホラー映画でこうした死のキャンプに進んで参加したがる登場人物たちは、シナリオライターの仕事を律儀にアシストしている。共同脚本家としてクレジットに名前を載せるべきだ。

STEP 3.　友人とドライブ旅行に行かない

若者が集まって車に乗りこんだとき、起こるできごとは3つしかない。

いい近道を知っているんだと、誰かが言いだす

近道の行き着く先は、どんな地図にも載っていない不気味に静まり返った町だ。突然、車に不具合が起きる（ホラー映画に出てくる車は、邪悪と隔絶の組み合わせを感知するとエンジンを停止するセンサーが全車種に搭載されている）。立ち往生した若者たちは、地元の人間に〝救助〟されるが、そいつの手ですぐに惨殺され、切り分けられたAランク肉はビニールに包まれて、道路沿いのダイナーの巨大冷凍室に貯蔵される。

誰かを轢いてしまう

当然のことながら若者たちは死体を始末し、そのことを秘密にすると決めるが、映画の残りの部分でかさぶたを剥ぐようにひとりずつ排除される。

無事に目的地に着く

ただし、その目的地は人里離れたキャビン。

疑り深い地元の警察をどうやって説得するか

10代の子が主人公でスラッシャーが悪役の場合、警官はコミックリリーフの役回りにすぎず、あなたがどれほど証拠を突きつけても、異常事態が起きていることを断固として認めようとしない。25年のあいだずっとマスク姿の殺人者が森をうろついている町で、森にマスク姿の殺人者がいたという目撃証言を信じるのが、保安官にとってどれほどむずかしいことなのか。10代のグループが警官に何かを報告したときに、悪ふざけや麻薬のせいだと一蹴されなかったらどれだけ気分がすっきりするか、想像してみてほしい。だが、悲しいかな、《テラーヴァース》を守り、身を捧げることを誓った者たちは、簡単にモチベーションを上げられやすくないのだ。だからこそ、彼らの助けを得るにはそれなりのスキルが必要になる。

1　冷静さを保つ
　ほんの少しでも興奮している様子を見せたら、あなたはヒステリックだと見なされ、何を言っても信じてもらえない。

2　説得力のある物的証拠を提供する
　血のついたナイフ、汚れた服。切断された人体の一部があればベスト。

3　わざと逆のことを言う
　「たぶんなんでもありません。確かに巨体の男が少年を森に引きずっていく

STEP 4.　海外でバックパック旅行をしない

つい最近まで、学期と学期のあいだに息抜きをする学生にとって、ヨーロッパはまずまず安全な場所だった。英国（オオカミ人間在住）と国名の最後に〝ニア〟がつく国々（ヴァンパイア在住）を除けば、あなたが出会う最悪のものはせいぜい幽霊城で、それもどちらかといえば恐ろしいというよりおもしろい。ところが、ヨーロッパを舞台に作られるホラー映画が増えるにつれて、かの地もだいぶ血生臭くなってきている。今どきのバックパッカーは、人身売買屋や犬殺しのサイコパス、魔術を使う子どもたちにいたるまで警戒しなければならない。

説得力のある物的証拠があなたの証言に信憑性を与える

のを見ましたが、あなたが調べに行ってもどうせ無駄足に終わるでしょうね」
4 嘘をつく
　もしも保安官に何かを調査してほしかったら、彼に動機を与えろ。彼の妻がその場所で暴走族集団とパーティをやっているのを見たとか、現場に行きたくなるようなことならなんでもいい。

　オーストラリアも外国人にとって危険度が増している。1980年代は、奥地で大きなナイフを振り回す野生の男に出会っても、ちょっと風変わりでロマンがあった。だが、今は致命的だ。
　しかし、渡航する西欧人にとって最も危険な目的地は日本である。日出ずる国からあれほど多くのホラー映画が生まれる以上、あの島全体をひとつの巨大な墓地と見なしたほうがいいだろう。東京の都心部だけは安全で、成人映画と路上レース映画と〝たいへんだ火を吐くトカゲの怪物だ！〟映画が（今のところは）幅を利かせている。

STEP 5. ほかのジャンルから夏のアクティビティを借りてくる

　ホラーヴァケーション中、確かにあなたはできないことだらけだが、だからといって、夏のあいだずっとドラマ『フレンズ』の再放送を観ることに甘んじていいのか？　夏休みを本当に充実させたければ、お気に入りの非ホラー映画からいくつかアクティビティを拝借すればいい。

ステレオタイプの子ども数名と人生を讃える冒険の旅に出る

あなたは古い宝の地図をたどるか、生まれて初めて死体を見るために線路を歩くだろう。グループには太った子１名、不良の子１名、繊細で聡明な子１名を配置するのを忘れずに。繊細で聡明な子は、❶最近両親が離婚した、もしくは❷最近兄が死んだ経験があること。

隣に引っ越してきた子を好きになるが、その子は映画の途中で死ぬ

あなたは笑うだろう。あなたは泣くだろう。映画終盤の葬儀シーンのとき、あなたはまだ生きているだろう。

不動産ディベロッパーから土地を救う

〝わが家〟と呼ばれるささやかなものを信じている子どもたち以外には、都市の開発と膨張を食い止めることはできない。

去年の夏に何かをしてしまったあなたがすべきこと

ラストサマー

1　自分が何をしたのか自問する

　あなたにとって去年の夏はずいぶん昔かもしれない。何をしでかした？
6月から8月までの行動をこと細かにすべて思い出す必要はないだろう。
たぶん無害なことではない。フィルムメイカーは映画全体の前提をひとつ
の原因——登場人物であるあなたの行為——に帰着させるはずだ。そうし
た記憶はけっして埋もれない。

　　　あなたが去年の夏にした映画向きでないこと
　　　・ダイエットでずるをした
　　　・外で買ったお菓子を映画館にこっそり持ちこんだ
　　　・フットボールフィールドでセックスした
　　　・無断で他人の家のプールに入って回った
　　　・違法なP2Pファイル共有ソフトを使った

　　　あなたが去年の夏にした映画向きのこと
　　　・過失致死を隠蔽した

2　あなたがしたことを誰かに知られているか確かめる

　〝おまえが何をしたか知ってるぞ〟と書かれた手紙が届いたら、おそら
く知っている者がいる。あなたのしたことに共謀者がいれば、彼らも知っ
ている。あなたが何をしたかを知る者の数を減らすために、共謀者をひと
り残らず殺害することを勧める。

3　あなたのしたことを知っている者がいるなら、その相手に告白する

　犯罪行為を認めて刑に服せ。刑務所映画の中もバラ色とは言いがたいが、
ホラー映画で犠牲者になるよりはましだ。

ベビーシッターをする一夜を
どうやって生き延びるか

　現実の世界において、ベビーシッターのバイトは若い子たちが責任感を学ぶ格好の場である（多少ながら小遣いも手に入る）。

　ホラー映画の世界では、それは10代の子を殺す道具立てとして使われる。

　あらゆる殺人鬼にとって、ベビーシッターは最も好ましい餌だ。酔った墓掘り人や欲情しているキャンパーよりもずっと魅力的らしい。これまで学んできたように、ホラー映画（特にスラッシャー映画）は中高生に向けて作られており、彼らは子守りのバイトの緊張感を自分のこととして感じ取る。自宅から離れているし、トラブルの予感があっても逃げ出すことができない。肩の上では天使と悪魔が争い始める。

「今夜はハイになってはいけません」

「いいから彼を呼んじまえよ、あいつキュートじゃないか！」

　そして次に何が起きるか。まず電気が止まる。電話を試してみる……通じない。テレビで観たニュースをふと思い出す。相次ぐ殺人がどうのこうの。上の階から足音が聞こえる。子どもたちがベッドから消えてしまう。気がついたら、あなたは切り裂かれたベビーシッターのリストに仲間入りだ。それがいやなら……。

STEP 1.　断るべきときを知る

　あなたの頭の中に半分でも脳みそがあるなら（皮肉なことに、ホラー映画のベビーシッターの半数がこの状態にされて死ぬ。）、つねに〝ノー〟と答えろ。ホラー映画において、ベビーシッターのバイトは基本的に時給7ドルの自殺に等しい。きわめて危険なゲームであり、ジョシュア（聖書のヨシュアではなく、『ウォー・ゲーム』のスーパーコンピュータ）の言葉からわたしの好きな一節を引用すれば、〝ゲームに勝つための唯一の手はプレイしないこと〟である。とはいえ10代の子に

ベビーシッターをする一夜をどうやって生き延びるか　**61**

したら、生きる意思よりもショッピングモールで使える現金の魅力のほうが強いだろう。だからこそ、若者諸君、同じベビーシッターのバイトでも、単に危険なケースと100パーセント喉をかき切られるケースとを区別することが重要となる。バイトを依頼されたとき、以下の条件にひとつでも該当したら断れ。これらは死刑宣告と同じだ。

自宅から2ブロック以上離れている

自宅に叫び声が届かなかったり、一気に走って帰れない場合は遠すぎる。

天気予報では嵐になりそう

激しい雷雨になったら、電力と電話が使用不能になり、おなじみの〝稲妻が光ったとたん窓の外に殺人者の姿が見える〟演出の機会を監督に与えてしまう。吹雪になったら、車が立ち往生し、足跡を簡単にたどられてしまう。

子どものひとりが目か耳か言葉が不自由

あなたはかわいそうに思うかもしれない。だが、ここは現実世界ではない。ホラー映画では、なんらかの障害を持つ子がしばしば恐ろしい存在として描かれる。

逃亡した[　　　]がまだ捕まっていない

[　　　]にどんな名詞が入っても、それがポニー以外であれば、バイトをパスするのに十分な理由となる。

STEP 2.　ベビーシッター契約に特約をつけろ

賢明なベビーシッターは契約に特約リストをつけさせ、生存の可能性を最大限に保証してもらう。そして、特約条件に同意しない雇い主の下では働かない。以下の条件について弁護士と相談してみるといい。

電力

雇い主は予備の発電機を用意する義務がある。発電機は燃料を満タンにし、屋外や地下室に行くことなく始動できる場所に設置すること。

ベビーシッターは雇い主のすてきな郊外ハウスを堅牢な要塞に変えるべし。

ベビーシッターをする一夜をどうやって生き延びるか　**63**

通信

ベビーシッターが雇い主の携帯電話に連絡を試みたとき、いかなる場合でも返事がなかったら、子どもたちを放置して家から逃げ出してよい。

時間厳守

雇い主が家に戻ってくるのが合意した時刻より60秒以上遅れたら、ベビーシッターは子どもたちを放置して家から逃げ出してよい。

誘惑

雇い主はラベルのついていないビデオ、アルコール飲料、エログッズなど、ベビーシッターを不道徳もしくは不快もしくは潜在的に呪いを惹起させるような行為に走らせかねないすべてのものを、家の中のいかなる場所にも残しておいてはいけない。

保安

雇い主は、窓やドアに内側から厳重に鍵がかかるようにし、専門家の設置したセキュリティシステムを作動させ、すぐに手が届く場所にフル装填された拳銃を少なくとも2挺用意する。

STEP 3.　要塞を築く

　天気予報では嵐にならず、精神病棟から患者が脱走したニュースもなく、あなたの両親が叫び声の聞こえる距離にいる（しかも雇い主がすべての特約に同意している）場合、あなたはベビーシッターのバイトを開始することができる。だが、子どもたちにおやつを出してやろうと考える前に、最優先でやるべきなのは、家の中の限定エリアを堅牢な要塞に改造しておくことだ。この〝出入り不可〟ゾーンは通常キッチンとリビングと少なくともひとつのバスルームを含み、ふたつの階にまたがってはいけない。

　まずはエリアの境界にあるすべてのドアを閉じ（可能なら鍵をかけ）、そのノブに小さな鈴を吊るしておく。すべての窓が閉まっているのを確かめ、カーテンやブラインドを閉めきり、エリア内の明かりをすべて点灯させる。次にテレビをつけ、近隣の殺人事件や脱走事件や暴風雨のニュース速報が流れた場合

忍び寄る死の予兆に気づく――おっぱい

おっぱい――成熟した人間の女性の胸を美しく飾る脂肪の蓄積。このすばらしきものが邪悪なできごとに結びつくなど想像もつかないが、ホラー映画には〝乳首ソニック〟という嘆かわしい現象が存在し、それがおっぱいを弾力のある死の罠へと変えるのだ。

《テラーヴァース》では、若い女性の胸から高周波の音波が放射されており、それはホラー映画の悪役にしか聞こえない。彼らはその音波に激しく引きつけられる。むき出しの胸を見たいからではない。むき出しの胸があるところには注意力散漫な獲物が存在することを知っているからだ。おっぱいが大きいほど発する音も大きく、おっぱいが圧迫（もちろん若い男がまさぐることによって）されると、さらに大きく響く。

ゆえに、誰にも触られず、しっかりカバーされたおっぱいだけが、安全なおっぱいと言えよう。しっかりカバーされるとは、十分な衣服の奥に埋もれていて音がこもる状態を意味する（タンクトップは論外）。若い女性の理想の服装としては、パーカーの下にスキーウェアを着こみ、その下に2枚以上のスウェットシャツ、さらに2枚重ねのブラを着け、念のためにニプレスをダクトテープで貼っておくといい。だが、女性諸君、朗報がある。23歳になった瞬間、あなたの〝乳首ソニック〟の出力は劇的に低下する。そして、ひとたび子どもを持ったら、永遠に消失してしまう。

に備えてチャンネルをローカル局に合わせておく。もしも設定したエリアに地下室に通じるドアが含まれるなら、最低でも3枚の大きな厚板を釘で打ちつけてふさぐ。最後に、防犯アラームをセットし、電話から発信音が聞こえるか確認し、自分と子どもたちをそれぞれ1本ずつのロープでつなぐこと。

STEP 4. 無責任な行為は一切しない

子どもたちから目を離した瞬間――警戒よりも欲求を優先した瞬間――あなたは死ぬ。大原則はこうだ。〝両親の前でやらないことはするな〟。ベビーシッ

地味な着こなし（左）は長く幸福な人生を保証する。胸の大きく開いた服（右）を着たら、あなたはおしまい。

ターがはまりがちな落とし穴は、たとえば以下のとおり。

- 恋人をその家に呼ぶ
- 酒のキャビネットを物色する
- 親たちのエロビデオ・コレクションを観る
- その家の電話を使って友人と噂話にふける
- 子どもたちを勝手に遊ばせておく

STEP 5. 絶対に、絶対に電話に出ない

　発信者番号が誰のものであろうと、着信音を鳴らしっぱなしにさせておけ。もしも子どもたちの親だったら、きっとメッセージを残す。あなたの友人のひとりなら、どっちみちお喋りは厳禁だ。だが、その発信者が親でも友人でもないことはみんな知っている。なぜか。これがホラー映画だからだ。ホラー映画では、電話の相手は必ず殺人者で、しかも家の中の別の部屋からかけている。シナリオライターは、なんとしてもあなたに電話に出てほしい。あなたが受話器を取らないことには、悪役が巧妙なセリフであなたの背筋を凍らすことができないからだ。その手に乗らないためにも必ず留守電にしておくこと。

STEP 6. 自分の好奇心について知っておく

　好奇心とは、すなわち愚かさのことだ。自分の愚かしさをまず知っておけ。ベビーシッターの夜にあなたが遭遇しそうな3つのシチュエーションを設定し、好奇心がある（すぐに死ぬ）者と、好奇心がない（エンドロールまで生き残れるかもしれない）者の反応をそれぞれ挙げておこう。

窓のひとつがガタガタ鳴っている
好奇心あり：絶対に自分が施錠した確信があるのに調べることにする。
好奇心なし：家に火をつけ、子どもを残したまま自宅まで悲鳴を上げながら走る。

子どもたちが見当たらない
好奇心あり：うろたえ、子どもたちの名を大声で呼びながら家中探し回る。
好奇心なし：そのまま聖書を読み続け、子どもたちが姿を見せるのを待つ。

誰かが玄関をノックし、事故を通報したいから電話を貸してほしいと言う
好奇心あり：相手の顔を確かめようとドアを細く開ける。
好奇心なし：ドアごしに拳銃の弾を撃ちつくし、新しい弾倉を入れてからドアを開ける。玄関ポーチで倒れて動かない人もしくは物体に、もう一度拳銃の弾を撃ちつくす。

まる1週間、
どのように目を覚ましておくか

　目を覚ましていることと生きていることは、ホラー映画ではしばしば同義語となる。たとえば、あなたの夢が殺人鬼の狩り場と化す、エイリアンだらけの惑星で孤立する、あるいはゾンビに取り囲まれた家で逃げ場を失う——いずれの状況も、眠りの国行きの列車に乗るのにふさわしいタイミングではない。救助隊がいつ到着するか（もしくはいつまた夢を安全に見られるようになるか）わからないので、ホラー映画でまだ生きている者たちは、眠らずにいられる時間の限界を押し広げなければいけない。信じられないかもしれないが、連続断眠の世界記録はランディ・ガードナーという10代の若者が保持している。1964年、彼は264時間も眠らずにすごした。なんとぴったり11日間だ。そこへいくと、あなたに求められる長さはたったの7日間。以下のステップにしたがえば、どうにか乗り切れるかもしれない。

STEP 1.　モンタージュ・シーンに誘導する

　眠らずに1週間をすごす楽な方法はないか？　それなら、アップビートの歌が1曲流れるあいだに7日が過ぎ去るようにするのがオススメだ。音楽に乗せたモンタージュは《テラーヴァース》ではあまり一般的でないが、不可能なわけではない。結局のところ映画なのだから——映画では、次から次へと説明ショットを連ねることで、たくさんのできごとや時間を短いシーンの中に凝縮することができる。こうしたシーンに会話が入るのはまれで、たいてい音楽（それもサントラＣＤの売り上げに貢献するような歌）を伴う。

　では、フィルムメイカーにモンタージュを使わせるにはどうしたらいいか。さしてむずかしい話ではない。モンタージュには、〝準備〟と〝ハネムーン〟というふたつのカテゴリーがある。

　〝準備〟はある登場人物の行動を追い、そこで彼もしくは彼女が間近に迫ったほとんど実現不可能な課題（ふつうは学校の試験やスポーツの試合）のため

に勉強や練習を繰り返す。

〝ハネムーン〟では、新婚の日々を通して夫婦の軌跡を追う。手をつないで公園を歩く、最初に借りたアパートのペンキ塗りをする（おやおや、ふたりはたがいにペンキを跳ね飛ばし合っているぞ！）、などなど。

というわけで、モンタージュ・シーンを開始させるには主要な方法がふたつある。

新しい恋を始める

相手を選り好みするな。あなたは人生のパートナーを選ぶわけではない。その相手とはマライア・キャリーのバラードが流れるあいだいっしょにいるだけだ。

無理難題に飛びこむ

あなたに人を殴った経験が皆無なら、ボクシングの試合に出場を申しこめ。ＩＱが低いなら、ノーベル賞受賞者との知力対決に挑め。言い換えると、無理やりジムや図書館に行って最大限の努力を発揮しつつ、映画内の次の５分間をすごせ。

STEP 2. 睡眠不足に備えろ

モンタージュを開始させる試みが失敗に終わったら、本当に７日間眠らないというハードな方法でしのぐしかないだろう。となると、あなたは時間の経過とともに何が起きるかを知っておく必要がある。

・ **問題解決能力の低下**
  次の週に高ＩＱ団体〝メンサ〟への入会テストの予定を入れておくといい。
・ **怒り耐性の低下**
  ほら、わたしが言ったとおりだ。あんたはまるっきりの役立たずになってるぞ。さあ、これにどう反応する？
・ **運動能力の低下**
  ページをめくる作業がだんだん億劫になっていないか？
・ **視力の低下**

このセクションにたどり着くまで時間がかかりすぎていたら、ページの文字がぼやけて見えるだろう。

· **短期記憶の欠落**

睡眠不足が長引けば長引くほどあなたが経験するのは、睡眠不足が長引けば長引くほどあなたが経験するのは、記憶の欠落である。

· **妄想**

わたしはこの本を読んでいるあなたを監視している。今この瞬間もだ。わたしはいつだって監視している。われわれは監視している。

· **幻覚**

睡眠不足が極限に達すると、こんなことを真顔で言いだす可能性がある。「おい、なぜおれの手が『ネバーエンディング・ストーリー』の空飛ぶ犬になってるんだ?」

STEP 3. 眠気覚ましを併用する

期末テスト中の徹夜なら、あなたはコーヒー+エナジードリンク+ダイエットピルのカクテルでどうにかしのぐことができる。だが、その伝統的な組み合わせで乗り切れるのはせいぜい36時間までだ。2日めの壁を突破したとたん、大量のカフェインと砂糖に頼る方法ではうまくいかなくなる。ゴールラインまで到達したければ、砂糖と完全に手を切らねばならない。確かに砂糖であなたは元気になるが、それは一時的なもので、あとで強烈な睡魔に襲われる。同様に、カフェイン摂取についても厳しくコントロールし、昼夜にわたって少量ずつの摂取を繰り返すべきだ(逆に間隔を開けて一度に大量摂取すると、眠気を伴った虚脱症状に見舞われる)。

そこで、こうした人工的な興奮剤だけでなく、眠気を避けるためのより自然な方法を併用すべきだ。

室温

寒い冬の夜に暖かい毛布にくるまる気持ちよさを、あなたも知っていることだろう。そう、あれは死につながる。できるだけ身体を冷たい状態に保て。冷凍室ですごしたり、パンツの中にアイスキューブをどっさり入れてでも。

照明

1日の大半が闇に包まれている《テラーヴァース》では、この要素は特に重要である。いかなるときも明るく照らされたエリアにとどまり、窓にはけっして近づかないこと。この方法にはあなたの体内時計を狂わせる狙いがある。

運動

転がる石に苔がつかないように、動き続ける人間は眠くならない。

不快感

まぶたを切り取るようなまねはするな（いくら効果があってもだ）。〝尿意の我慢〟による不快感を試せ。大量の水を飲み、腎臓を休ませるな。心配はいらない。あとはカフェインがどうにかしてくれる。

STEP 4. 適切に食事をする

　食事の回数は多いほうがいい。カフェインの摂取制限が不可欠であるのと同様、代謝を均一に保つことが重要だ。3度の食事による代謝はジェットコースターに等しい。満腹すると眠くなる理由を考えたことがあるだろうか。それは、身体がエネルギーを消化に振り向け、あなたが口に放りこんだ大量のテイクアウトを処理するためだ。大食を避け、エネルギーの持続する食物を少量ずつ休みなく摂取しろ。パワーを安定供給できる食品、すなわち複合炭水化物（パスタや穀物類）とタンパク質（肉類）を意識すること。

STEP 5. 削除シーンに身を隠す

　睡眠なしではあと1日ももたず、最後まで乗り切れそうにない——そう感じたら、削除シーンの中に身を隠せ。撮影終了後、必要ないと判断されたシーンはフィルム編集者の手でカットされる（物語を停滞させる、演技がヘタ、単に上映時間が長すぎる、などの理由で）。ゆえに、あなたのシーンが削除されるよう、できるだけ無意味で長ったらしくてぱっとしない時間のすごしかたをすべき。

緊急脱出ポッド・#2　場違いなほど良質な会話

　あなたがもはや死をまぬがれない状況──首にあてがわれた牙、喉に突きつけられたナイフ──におちいったとき、間一髪で逃れるための実績ある手段が4つだけある。それらは爆発的に荒っぽい最後の手段ということで、緊急脱出ポッドと呼ばれる。

　緊急脱出ポッド・#2は、場違いなほど良質な会話だ。この手法は、ホラー映画にしては叙情的すぎるか示唆に富むようなセリフによって機能する。あなたがそうしたセリフを口にすると、殺人者は一時的に動きが麻痺してシナリオライターからの指示を待ち、シナリオライターは自分がそのような名セリフを書けなかった事実を思い知ってプライドを打ち砕かれる。心配はいらない。あなたがさりげなくシェイクスピアを引用できるなど、誰も期待していない。以下に名作映画の名セリフをいくつか挙げておくので、記憶して適宜使ってほしい。

「酒場なんて世界中の町に星の数ほどあるというのに……
　彼女が入ってきたのが、よりによっておれの店だとは」
　　　　　　　　　　　　　　　　　　　──『カサブランカ』より

「老いか。ただひとつ治癒の望めない病気だな」
　　　　　　　　　　　　　　　　　　　──『市民ケーン』より

「わたしのような嘘つきは、単に真実を隠すだけだが、
　半分嘘つきは、自分の言ったことを忘れてしまう」
　　　　　　　　　　　　　　　　　　　──『アラビアのロレンス』より

「恐怖には顔がある……それを友とせねばならん」
　　　　　　　　　　　　　　　　　　　──『地獄の黙示録』より

第 3 章

INANIMATE EVIL
THE MANMADE INSTRUMENTS OF DEATH

悪意の無生物
〜人間の作った死の道具〜

ハロラン「場所も人とおんなじさ。
　　　　　輝きがあるのも、そうでないのもある」
　　　　　　　　　　　　──『シャイニング』（1980）より

　ホラー映画でわれわれの敵となるのは、ほとんどが人である。殺人鬼、ヴァンパイア、ゾンビ、幽霊──みな人間であるか、かつて人間だった。宇宙人やデーモンでさえ生命体として感知できる。だが、中には肉体を持たない悪もいる。それらは人ではなく、レンガとモルタルの中に、クロムめっきされた鋼の中に、アンティークの茶器セットの中に存在する。そうした無生物が敵の場合、肉体を持つ敵より倒しやすいとはかぎらない。試しに寝室が3つあるコロニアル様式の邸宅をナイフで刺してみるといい。

　正直、あまり効果はない。

74　第3章　悪意の無生物　〜人間の作った死の道具〜

幽霊屋敷で
どうやって生き延びるか

　昔は幽霊屋敷を見分けるのが簡単だった。たいていヴィクトリア様式の不気味な建物で、芝生は伸び放題、屋根には異様に大きな風見鶏が立っていた。

　ところが時代は変わった。現代の《テラーヴァース》では、家が荒廃していようが、ぴかぴかの新築物件だろうが、立地が墓地に囲まれた丘の上だろうが、ゲートからしか出入りできない高級住宅地区の中だろうが、まったく関係ない。木造でも、コンクリートでも、ペンキが何色でも、幽霊が取り憑いている可能性がある。というわけで、ホラー映画の中の住宅オーナーたちはみな、幽霊やポルターガイスト現象に遭遇したら何をすべきか知っておかねばならない。

　忘れるな。ホラー映画では、あなたが家を取り壊すのではない……家があなたを取り壊すのだ。

STEP 1.　自宅が幽霊屋敷かどうか見きわめる

　あなたの家の郵便番号が00666だったとしても、床板がきしむたびに悲鳴を上げて逃げ出す必要はない。いくら《テラーヴァース》でも、害のない物音ぐらい鳴る。とはいえ、それがおぞましい邪悪な次元への入口の場合もある。

　そのちがいを住宅オーナーが見きわめる助けとなるよう、西ベルリン東大学の2名の教授（ブレントン・サベリコ博士とエリック・ドゥグラ博士）が1964年に考案したのが、かの有名な〝10問のチェックリスト〟である。住宅オーナーは質問ごとに〝はい〟か〝いいえ〟に丸印をつけるだけでいい。もしも〝はい〟が3つ以上あったら、その家は疑問の余地なく幽霊屋敷と結論づけられる。その場合はただちにSTEP 2へ進むこと。

幽霊屋敷でどうやって生き延びるか **75**

10問のチェックリスト

1	蛇口かシャワーヘッドから血が出る？	はい	いいえ
2	前のオーナーが殺人か自殺で死んだ？	はい	いいえ
3	知らないうちに家具の配置が変わっている？	はい	いいえ
4	冷蔵庫に入れた手が家の別の場所から出現する？	はい	いいえ
5	屋根裏で南北戦争時代の子どもが遊んでいる？	はい	いいえ
6	家が音声か文字で警告を発する？	はい	いいえ
7	建て替えの話をすると急に室温が下がる？	はい	いいえ
8	なぜか家族を斧で殺したい衝動をぬぐえない？	はい	いいえ
9	アメリカ先住民がしきりに家にやってきて「われらが先祖の墓に何が起きた？」と質問する？	はい	いいえ
10	家に大型の燭台がある？	はい	いいえ

STEP 2. 幽霊屋敷だと確定したらすぐに立ち去ろ

この世にはあなたに変えられないことがふたつある。ひとつは汚れた皿をためっぱなしにする夫の性格、もうひとつは幽霊屋敷だ。どちらの場合もイライラと恐怖だけがつのり、最終的にはおぞましい死で決着する。10問のチェックリストの結果、幽霊屋敷であると確定したら、ただちに立ち去れ。荷造りはするな。完成間近のプールでせめてひと泳ぎしようなどという考えは捨てろ。とにかく逃げろ。今すぐ。

STEP 3. X軸上を逃げろ

垂直方向をY軸と規定すると、水平方向はX軸となる。次の点はきわめて重要だ。

幽霊屋敷の中でY軸上を移動すると死にいたる。

あなたが上の階にいるのなら、下の階に下りてはいけない。下にいるなら、上に上がるな。その階で好きなだけジグザグに動け。もしくはぐるぐる走り回れ。何をするにしても高度だけは維持しなければならない。もしも2階にいるなら、すぐそばの窓を突き破って外に出ろ。1階にいても同じことをしろ。お

76　第3章　悪意の無生物　〜人間の作った死の道具〜

そらく負傷はまぬがれないだろうが、魂を吸い取られて無数の亡者たちと煉獄に行くのと比べたら、切り傷と打ち身のほうがずっとましだ。

STEP 4.　よくある幽霊屋敷のトリックを警戒する

　あなたはなんとしても脱出したいが、家のほうはそれだけは食い止めたい。脱出の意図を察したら、家はあらゆるトリックを使ってあなたを妨害してくる。

果てしない廊下

典型的な手だ。あなたが出口ドアに走るにつれて廊下が長く長く……ありえないほど長く伸びる。対抗するには、とにかく強い意志を持つこと。だが、目を閉じるだけでもトリックを無効化できる。あとは両手を前に出して探りながら廊下を進めばいい。

無重力の部屋

あなたは見えない力で壁に沿って引きずり上げられる。対抗するには、ライオネル・リッチーの〝ダンシン・オン・ザ・シーリング（天井で踊ろう）〟を歌いながら、心から楽しんでいるようにふるまえ。幽霊屋敷は玄関ドアからあなたを吐き出すだろう。

棺のもぐら叩き

あなたが家を建てた土地（もとは墓地）に埋まっていた棺が、次々に床を突き破って飛び出してくる。対抗するには、棺に入っている遺体をいやらしくなで回せ。幽霊屋敷は玄関ドアからあなたを嘔吐するだろう。

死んだ友人や子どもの出現

幽霊屋敷も必死になるにつれて卑劣な手を使ってくる。よくあるのが最近死んだ者の姿を再現するトリックだ。
「ママ……どこに行っちゃうの？　なんでぼくを置いてくの？」
対抗するには、そこまでされたらもう遠慮なくやり返すことだ。目の前の〝人間〟を通して家に話しかけ、相手が頭に来るような言葉を投げつけろ。たとえば「教えてやる……おれはおまえに内緒でずっとあいつと寝てた

……あのマンションだ」

STEP 5.　家の中に戻らない

　どうにか脱出に成功したら、もう振り返ってはいけない。夜の闇にどんなに悲鳴がこだましても、家が崩壊して光の点にまで縮むのを見るのがどれほど楽しくても、そのまま走り続けろ。けっして引き返すな。

　ただし、犬のために戻るなら話は別だ。

殺意の宿った車が走ってきたら どうすればよいか

　エンジンがうなり、ドアがロックされ、ノイズ混じりのカーラジオからマーサ＆ザ・ヴァンデラスの〝ノーウェア・トゥ・ラン（逃げ場なし）〟が聞こえてくる。ここで問題がひとつだけある。

　あなたはまだエンジンキーを差しこんでもいないのだ。

　乗用車やトラックは、人間がハンドルを握っていても危険な代物だ。それが無人で勝手に走りだしたらどうだろう？　ヘレン・ケラーにバズーカ砲を撃たせるようなものだ。ホラー映画では、ひとたび乗り物が自我を獲得したら、そのタンクに満たしたいものはただひとつ。血だ。車が満足する（もしくは地獄のスクラップ工場に送り返される）まで、誰ひとり安全ではない。彼らは故障しないし、カーブを見誤らないし、進路にいる全員を轢き殺すまで停止しない。

STEP 1.　車内にいる場合は、すぐに外に出る

　乗用車やトラックは、人体をぐちゃぐちゃの内臓袋に変えるほどの衝撃を受けても耐えることができる。それがわかっているから、彼らはしばしば獲物を自分の中に閉じこめたままカミカゼを敢行し、時速150キロで電柱にキスする。結果、彼らはレッカー車で牽引され、あなたは埋葬される。

　もしもあなたが閉じこめられているのが停車中の車内だったら、ウィンドーを割るためにあらゆる手をつくし、そこから這い出して逃げろ。だが、走行中の車だったら、一刻も早くウィンドーを割って飛び出さないと、あなたは永久にステアリングコラムの部品の一部になってしまう。

・ サイドブレーキを引く

　少しは減速するかもしれない（車がブレーキを自由に使わせてくれれば、の話だが）。マニュアル車だったら、シフトダウンを試してみる。だが、期待は

しないほうがいいだろう。邪悪な車はたいていユーザー入力を受けつけない。
- 減速を期待できる場所に突っこむ
 アスファルト道路よりも草地や砂地、背の高い茂みなどが望ましい。最悪の選択肢は木の幹。
- 進行方向と垂直にジャンプする
 くれぐれも後輪の前に身を投げ出さないこと。生き残るための戦略に逆行する。
- 身体を丸めて転がる
 宙に飛び出したら、両手両足を胴体に引きつけ、頭を抱えこむ。地面に叩きつけられる瞬間に回転し、衝撃エネルギーを分散させること。

STEP 2. 車内にいない場合は、周囲を見回す

車内にいなければ、あなたはダッシュボードに脳みそをぶちまけることはないかもしれないが、それでもまだ跳ね飛ばされ、押しつぶされ、轢かれる危険に身をさらしている。あたりをすばやく見回せ。どこかに攻撃から身を守る場所はあるか？

邪悪な車に追跡されたら、水中に安全を求める。

緊急脱出ポッド・#3
わざとらしいプロダクト・プレイスメント

　あなたがもはや死をまぬがれない状況——首にあてがわれた牙、喉に突きつけられたナイフ——におちいったとき、間一髪で逃れるための実績ある手段が4つだけある。それらは爆発的に荒っぽい最後の手段ということで、緊急脱出ポッドと呼ばれる。

　緊急脱出ポッド・#3は、わざとらしいプロダクト・プレイスメントだ。主人公の好みのビールは何か？　それは高い確率で、プロデューサーに高額な小切手を切ったスポンサーのビールだろう。プロダクト・プレイスメントとは、小道具を利用した劇中広告のことで、映画の予算をふくらませるために多用される手法だが、フィルムメイカーたちは商品が目立ちすぎないよう細心の注意を払う。やはり登場人物に露骨な商品宣伝をさせることはできないのだ。

　もしもあなたがホラー映画の悪役に追いつめられたら、考えうるかぎりの不器用で安っぽい商品宣伝を試みろ。そうすれば襲撃者はとまどい、そのあいだにひょっとすると——あくまでひょっとすると——あなたは逃げられるかもし

■殺意の宿った車から身を守ってくれそうなもの

高所
たとえば急勾配の坂、砂利でおおわれた丘、断崖、屋根の上など。屋根はできるだけ頑丈な建物に固定されたものが望ましい。

水中
18輪の巨大トレーラーはさまざまな芸当が可能だが、泳ぎは苦手だ。もしも深い湖か川か海が近くに見えたら、迷わず飛びこめ。

大型施設
近くに高層オフィスビルはあるか？　ショッピングモールは？　学校は？

れない。

あなた「確かにぼくは泣いてるかもしれない。だけどそれは、石けんが目に
　　　　入ったからじゃない。だって、ぼくが使っているのは……
　　　　（カメラがあるはずの方向に向く）
　　　　マクミラン社の〝瞳にやさしいソフトシャンプー〟だから！」

あなた「おまえはぼくの心臓を止められるかもしれない。でも、喉の渇きは
　　　　止められないぞ……
　　　　（カメラがあるはずの方向に向く）
　　　　〝ブルーバード・コーラ〟みたいにさわやかにはね！」

あなた「ぼくの腹の中を空っぽにしたいなら、そんなマチェーテで
　　　　切り裂く必要なんかない。代わりに……
　　　　（カメラがあるはずの方向に向く）
　　　　自然派の下剤〝ガット・グリース〟を使えばいい。
　　　　多くの宇宙飛行士に支持されてるブランドさ！」

コンクリートはあなたの味方だ。

森林
ほとんどのホラー映画で、森は絶対に逃げこんではいけない場所だ。だが、樹木が密集しているなら、追ってくる車を途中で阻んでくれるだろう。さてお次は、あなたを殺そうと森で手ぐすね引いている別の3千種の何かを心配しなければならない。

■殺意の宿った車から身を守ってくれなさそうなもの

一般的な戸建て住宅
木造の建築物は邪悪な車に侵入されてしまう。

金網フェンス
映画に登場する金網フェンスは標的の描かれたライスペーパーに等しい。

電柱や通信タワー
確かに高さはあるが、きわめてもろい。あなたを追ってくる相手がトラックや建設用車両であればなおさら。

別の車
これがホラー映画であることをお忘れなく。どの車に乗っても、もれなく欠陥エンジンが搭載されている。

STEP 3. 反撃する

あなたが安全な場所を見つけたら、車は落胆し、別の獲物へと走り去るだろう。だが、もしも攻撃を続けてくるようなら、対決の道を選ぶしかない。それも即座に。相手があきらめるまで待つという選択肢はない。まず第一に、殺意の宿った車はあなたよりもずっと長く待つことができる。また、仲間の車を助っ人としてすぐに呼べる。そうなってしまったら、もはやオフィスビルでもあなたの身の安全は保証されない。邪悪な車を倒す確実な方法は次のふたつ。

タイヤをずたずたに裂く
車に宿ったものがどれほど邪悪かによるが、自己修復能力を持っている可能性がある。だが、その能力が使えるのはたいてい金属部分にかぎられる。それゆえ、タイヤは邪悪な乗用車やトラックのアキレス腱になる。タイヤを破裂させる方法を見つけろ。成功すれば敵は道路から撤退するのに四苦八苦するだろう。

火をつける
火炎。それはホラー映画の偉大なる破壊者。炎は配線から内装まですべてを損壊させ、もしもガソリンタンクに引火したら……。

STEP 4. 車が動かなくなったら、だめ押しをしておく

　ようやく邪悪なエンジンが作動不能になったら、そのまま永遠に動かないよう手段を講じておく必要がある。車自身が自己修復を試みるかもしれないので、ぐずぐずしてはいけない。ジャンクヤードの圧縮機が近くになければ、車を丘のふもとまで引きずっていき、上から大岩を転がして落とせ。もしくは、森に運び、セコイアの大木を伐り倒して下敷きにしろ。線路上に放置してもいい。好きなだけ創造性を発揮していいが、とにかく作業は迅速に。

　車をばらばらに破壊したら、金属片をすべて拾い集めて製鉄所に持っていけ。スクラップをどろどろに溶かし、鋳型に流しこんで延べ棒に固めたあと、それを海（深い湖も可）まで運んでひとつずつ水中に投げ入れろ。万一に備えて、それぞれの延べ棒は十分に距離を離しておくこと。

STEP 5. 2度と起きないようにする

　あなたの車を永久にニュートラルな（超常的な意味で）状態にしておきたいなら、以下の方法を検討するといい。

車に愛称をつけない

愛称は危険なだけでなく、かなりイタい。ボンネットを紙おむつで磨く暇があったら、女の子とキスのひとつでも経験してこい。

輸入車を買う

わたしは愛国心の持ち主だが、事実は事実だ。ホラー映画に登場する邪悪な車の98パーセントはデトロイト産である。

2輪車に乗り換える

オートバイやスクーターやオフロードバイクは勝手に走る殺人車にはなれない。停車したとたんに倒れてしまうからだ。殺意の宿ったスクーターは笑いを誘うだけだろう。

人を殺す人形をどうやって倒すか

　容れ物が小さいほど、ヤバいものが入っている……。

　指輪を渡すときに言いがちな最悪の口説き文句だが、ホラー映画の中に閉じこめられたあなたにとっては最高の警句である。人形というのは、変な場所を触られるのにうんざりしているマネキンであれ、自分で糸を切ったマリオネットであれ、さんざんボタンを押されたお喋り人形であれ、昔から悪が宿る容器だった。死んだ連続殺人鬼の霊、古代の呪い、単なる悪意などなど、宿ったものが何かは重要でない。着ているミニサイズのオーバーオールがどれほどかわいらしくても、甘く見るべからず。

STEP 1.　叩きのめす

　あなたがたとえ12歳であっても、襲撃者より5倍から7倍は大きいはずだ。レゴで作った牢屋にでも監禁できそうな相手から、なぜ逃げ回るのか。STEP 2以降に挙げた高等戦術を用いる前に、こぶしの指関節を鳴らし、戦いのリングに上がって、繊維の髪の毛を持つ敵を痛い目にあわせてやれ。手足をもぎ取れ。詰め物をえぐり出せ。足をつかんで頭を歩道に叩きつけろ。人形が人を殺すとき、忍び寄ったり、計略をめぐらせたりするのには理由がある——彼らがそれほど強くないからだ。その点、あなたのほうには天性の腕力がある。

STEP 2.　操演者を困らせろ

　人形を叩きのめすはずが、あなたのほうが負けてしまった？　そうか……では、別の戦術を試そう（ちなみに、それをあまり人に言いふらさないほうがいいだろう）。

　人形が悪役の場合、フィルムメイカーにはやや不利な要素がある。殺人鬼やオオカミ人間はメイクをした人間が演じるが、小さな人形は特殊効果に頼らざ

人を殺す人形をどうやって倒すか　85

るをえない——はっきり言うと、画面の外にいる操演者が制御するアニマトロニクスだ。つまり、悪役には大量のワイヤーが接続されており、そのワイヤーは画面に映ってはまずい。この条件は人形たちの動きを著しく制限する。あなたがいまだに人形から逃げ回っているなら、以下の戦術を用いて小さな暴れ者たちの追跡をほぼ不可能にできる。

新鮮な空気を吸いに外に出る

　人殺し人形の棲息地は屋内である。なぜならフィルムメイカーにとって、ソファに穴をあけたり偽の床を作る方法で、操演の仕掛けを容易に隠せるからだ。街の大通りや広い草地では、特殊効果スタッフにトラック1台分もの負担がかかる。

人殺し人形に襲われたら、ただ叩きのめせ。

86　第3章　悪意の無生物　〜人間の作った死の道具〜

ひと泳ぎしに行く

水にぬれる可能性は人形の人工の背筋（と操演者）をぞっとさせる。電子部品の集合体にとって、水泳は自殺行為だ。

人形をつかみ上げる

今まさに人形があなたに追いすがり、刺そうとしている状況なのはわかっている。だが、わたしの話を聞いてくれ。もしも人形をつかんで頭上高くかかげたら、ワイヤーを隠す場所はどこにもなくなる。つまり、人形は動くための手段を失ってしまうのだ。

STEP 3.　対人形テクノロジーを使う
アンチドール

人殺し人形の映画に閉じこめられるのは、ホラー宝くじに当たるようなものだ。はっきり言って、あなたは人形に殺されるまぬけに甘んじなければならない。想像してみてほしい。あなたがこの世で最後に見る光景が、ナイフを持って見下ろしてくるキャベツ畑人形であるのを。とてつもない恥ずかしさの中で死んでいくしかない。

人形のランディ　「（ナイフを舐め）きみはぼくの親友だよ！」
あなた　　　　　「（死にかけ）地獄で会おうぜ……この……
　　　　　　　　くそったれ……」

幸いなことに、あなたはそんな目にあわなくてすむ。人形の息の根を止められる武器が手近にあるからだ。

火

ガスバーナー、暖炉、ライター——火の出るものならなんでもうまく機能する。襲撃者はポリエステルの詰め物と安物のプラスティックでできている。ひとたび火がつけば、デスヴァレーのマッチ工場よりも早く燃えつきるだろう。

犬

人殺し人形は犬を恐れる。犬は人形が好きだから、くわえて振り回したり、中身を引っぱり出したり、プラスティック製のボタンを食べたりする。犬が殺されるホラー映画もあるが、安っぽい殺人ドール映画において犬は無敵だ。

幼児

人形の敵の中で人間の幼児ほど恐れられているものはない。彼らの手に落ちたら最後、人形たちには死にもまさる過酷な運命が待ち受けている。終わることのないままごと、お昼寝ごっこ、着せ替え遊び……。人形たちになすすべはない。ホラー映画で人形が子どもを殺すのはタブーだからだ。

子ども部屋に絶対あってはいけない10のもの

1 ピエロ関連グッズ
ぬいぐるみも絵も、何もかもだめ。

2 テント
子どもに死角を作る（もしくは親から子どもを隠す）ものは厳禁。

3 窓
ホラー映画でヴァンパイアや恐ろしい木に子どもが誘拐されるのは、いつも窓から。

4 ドア
あなたが子どもの叫び声を聞いて部屋に駆けつけても、子どもの魂を食らおうとする幽霊によって目の前でドアをバタンと閉められるだけ。

5 シンバルを叩くサルのおもちゃ
何か恐ろしいことが起きる直前に急に動きだす以外になんの意味もない。

6 死んだ親戚の額入り写真
死者の写真はすべてだめ。エイブラハム・リンカーンやマザー・テレサの肖像写真ならかまわない。

7 ウィジャボード（降霊術に用いる文字盤）
言わずもがな。

8 目を開けたイエスがかけられた十字架
監督たちはドラマティックな緊張を高めるために、イエスの不気味な目のカットを挿入したがる。彼らにわざわざ手を貸す必要はない。

9 床とのあいだに10センチ以上の隙間があるベッド
ベッドの脚は4本とも床にしっかり固定し、小さな子は頑丈な鋼鉄ワイヤーでつながれた登山用ハーネスを着けて寝かせるべき（霊的な誘拐に備えて）。

10 クローゼット
何を考えている？　ドアを釘で打ちつけ、ドレッサーを買うべし。

90　第3章　悪意の無生物　〜人間の作った死の道具〜

モノが邪悪かどうか、どうやって確かめるか

　無生物の中には例外なく邪悪なものがある。たとえば、古いアメリカ車（78頁参照）、地獄の入口を開くかどうかにかかわらずごてごて飾られた箱、持ち主に神のようなパワーを与えるモノすべて。先祖伝来の家宝。何かが取り憑いたコンピュータ。近ごろは携帯電話でさえ安心できない。いやはや。

　　サタン「（電話を通じて）喪死喪死、聞こえるか？　けっこう」

　では、〝例外なく邪悪〟に分類されないモノを見きわめるにはどうすればいいか。

STEP 1.　「ナチスがこれを探しているか？」と自問する

　総統がほしがっているブツなら、邪悪でないはずがない。

STEP 2.　原産国・地域を確かめる

　あなたは邪悪な地域からモノを持ち出すことができるが、モノから邪悪さを取り除くことはできない。《テラーヴァース》の地球上（もしくは銀河）には、危険な人工物や不吉なアクセサリーの量産に長けている特定の地域がある。もしもあなたの所有物の〝原産国〟ラベルの国名が次のどれかだったら、細心の注意を払うこと。

エジプト

　ハリウッドでは、王家の谷の小石ひとつひとつまでもが古代の邪神に通じる門であるというのが常識だ。以下のことを忘れるな。
〝もしそれが墓所（ドゥーム）から来たものなら、あなたを破滅（トゥーム）へと導く〟

モノが邪悪かどうか、どうやって確かめるか　**91**

サハラ以南のアフリカ

アフリカではどんな村にも土地の若い娘に憑依する悪霊がいることが広く知られている。そのため、この大陸で手作りされたどんな民芸品（特に部族の仮面）にも邪悪な名残が宿っている可能性がある。

アメリカ合衆国南西部と中央メキシコ

この地域で矢じり、金の装飾品、木彫り製品を見たら、インディアンかアステカの呪いがかかっていると見てまちがいない。

カリブ海域

ハリウッドのシナリオライターの目から見ると、カリブ海にあるモノすべてがブードゥー教のまじないに毒されている。

宇宙空間

ホラー映画の人類にとって、宇宙から来た物体は例外なく有害である。物体は❶宇宙ウィルス、❷地球外生命体の卵か寄生体、❸肉を食う毛玉、のどれかを地球に運んでくる。

STEP 3.　どのような経緯であなたの所有物になったのかを確かめる

以下のどれかに思い当たる節があれば、そのモノはほぼまちがいなく邪悪だ。

地中から発掘した

ここにホラー映画の鉄則がある——土におおわれたものは悪いもの。あなたが考古学者でも庭師でも、地中に埋まっているモノを見つけたら、けっして掘り出してはいけない。それが1年前のものだろうが100万年前のものだろうが関係ない。

すてきな骨董店で買った

おっと……骨董品はひとつ残らず邪悪だ。しかも返品不可と来ている（あなたが返品しようと店に駆け戻ると、決まってその店が10年前に火事で

焼失したと知ることになる。ぎゃあああ！）。

煙が立ちのぼるクレーターの横で見つけた

一般に、煙が立ちのぼるクレーター付近で見つけたものは、クレーターの由来が隕石の衝突でも宇宙船の墜落でも、けっして手を触れてはならない。

青白い顔が汗ばんだ神父からもらったが、彼は聞き取りにくい声で「けだものの顔を見た」とかなんとか言い残して死んだ

まずい。その神父がＬＳＤでハイであったことを祈ろう。

盗んだ

あなたはもうおしまいだ。ホラー映画では、正当な所有者から盗んだものには 100 パーセント呪い保証がついている。

STEP 4.　まぎれもなく"邪悪なモノ"である特徴を確認する

そのモノが邪悪かどうか、以下に示すデザイン的要素が有益な指標となる。

必要以上の顔

邪悪なモノはしばしばたくさんの顔で装飾され、その顔は人をおびえさせる以外になんの目的もない。ドアノッカー、階段の手すり、ステッキなど。監督が緊張を高めるためにそれをクローズアップで撮影したら、たぶん邪悪だ。

やたらと複雑でパズルのようなロック機構

邪悪な収納箱や古代の書物は、大仕掛けの施錠メカニズムで保護されている場合が多い。理由は簡単。鍵が差しこまれてから開くまでに時間がかかればかかるほど、サスペンスが盛り上がるからだ。

実在しない言語の言葉

その言語が実在するかどうかをどのように知るか。簡単なことだ。あなたが読めなければ、それは実在しない。そう考えておけば安全だろう。

人間の皮

人間の皮でおおわれたもの（人間自身は除く）は、すべて邪悪。

STEP 5.　ドッグ・テストをおこなう

犬は優秀な邪悪検知器である。危険な超常現象の気配があれば、どんなにかすかでも嗅ぎ当ててしまう。モノを前にした犬がどんな反応を示すかによって、邪悪さのレベルを判定できる。（94頁イラスト参照）

Ⓐ　**関心を示さない**

そのモノは邪悪でない。暖炉の上に好きに飾っていい。

Ⓑ　**吠える**

一番いいシナリオは、友好的な幽霊がモノに宿っただけ。最悪のシナリオは、そのモノは地獄の軍団がこの世に進撃するための橋。すぐに処分すること。

Ⓒ　**床におしっこをして逃げる**

そのモノは邪悪。すぐに処分すること。床の掃除も忘れずに。

Ⓓ　**その場に倒れて即死**

あなたは大声で叫びながら家から飛び出し、二度と戻ってはいけない。残してきた家族に連絡を試みるのも禁止。メキシコの海辺の小さな町でボートの修理でもしながら新しい人生を始めたほうがいい。

STEP 6.　邪悪なモノを適切に処分する

モノが邪悪であることが判明したら、橋の上からポイ捨てなどしてはいけない。別の不運なやつが拾う可能性がある。確実にこの世から永久に消滅させること。

・紙製か木製だったら、灰になるまで燃やし、その灰を同量の聖水と混ぜる。できあがったペーストを絵の具代わりにして、ほほ笑むイエスの肖像画を描くといい。
・金属製だったら、溶かして松葉杖に改鋳し、傷痍退役軍人に贈る。

- プラスティック製だったら、アセトン（マニキュアの除光液）で溶かし、べとべとの臭いかたまりになったら火をつける。引火性が強いためすぐに灰になるので、ほほ笑むイエスの肖像画を描くのに使うといい。
- 石製だったら、砕いて小さな破片にし、STEP 1のナチスを追い払うパチンコの弾として使おう。

忍び寄る死の予兆に気づく──光

《テラーヴァース》において、光はいつもあなたの味方だ。底知れぬ夜の闇を切り裂き、魔物がひそむ影を追い散らし、暗視スコープを装着した連続殺人鬼の目をくらませてくれる。しかし、ときとして光があなたに不幸をもたらす場合がある。特に、光を発するはずのないもの（もしくは場所）から光が射すときだ。

電球と炎以外のすべて

光を放つはずのないもの──木、金属、ブリーフケース、石など──が光っていたら、それをうっとり見つめていてはいけない。すぐに逃げろ。

鍵穴

鍵穴から強烈な光線が射しこんでいたら、ドアの向こう側にきわめて厄介な何かが存在すると思ったほうがいい。

目

目から光を出せるのは魔物だけで、それはだいたい攻撃開始の合図。

口

あなたの口から光が放射されていたら、今にも肉体が分解して異次元──おそらくよくない次元──に転送されようとしている。

どこからともなく

最悪なのがどこからともなく射す光だ。自己発光の能力は最強の生き物──デーモンや邪神──だけにある。彼らはいつも劇的な効果を狙い、自分を背後から照らしてシルエットで登場する。

第 4 章

CRYPT-OGRAPHY

GHOSTS, ZOMBIES, AND THE REANIMATED

墓場からの使者
～亡霊、ゾンビ、生き返り～

ピーター「トリニダードで司祭をやってた爺さんがよく言ってたっけ。
〝地獄が満杯になったら、死者が地上にあふれ出す〟ってな」
──『ゾンビ』（1978）より

　死者。貪欲な無法者たち。彼らにもかつて生の時間があり、しかし、今はも
う終わっている。安らぎに包まれて次の意識レベルへ漂っていくのだろうか。
いいや。彼らはもっと欲している。この世に生きているわれわれと同等の権利
を。それを手に入れるまで生者をいらつかせ、子どもを怖がらせ、ショッピン
グモールを取り囲み続ける。

墓場からどうやって生還するか

　現実世界では、人は死んだあとに墓場行きとなる。《テラーヴァース》では、人は墓場に行った直後に死ぬ。身の毛もよだつ閉所のイメージをわれわれに連想させる墓場は、ホラー映画のほぼすべてのサブジャンルが分岐する中心点と考えてよい。ささやかながら心地よい人生が終わりを告げ、長い死の冬が始まるのがこの場所だ。そして、いずれはあなたもシナリオライターに誘導されて墓場に足を踏み入れることとなる。もしもホラー映画で生き残りたいのなら、ちらっとでも墓碑が視野に入ったら即座に逃げろ。だが、もしもシャベルを手に墓地の門をくぐる展開を回避できなかったら、とにかく不用意に駆けこむことだけはやめておけ。さもないと、予定よりもずっとずっと長い滞在を余儀なくされるかもしれない。

STEP 1.　入ったら非常に危険な場合を知る

　ホラー映画の中にいれば、墓地に行くのがつねに危険であることは常識でわかるだろう。以下の質問に〝はい〟の答えがひとつでもあれば、危険度はさらに倍になる。

その土地はもともとアメリカ先住民のものだったか？

あなたは映画の中にいる。証拠は馬鹿らしいほどわかりやすいはずだ。たとえば、ぼろぼろのティピー（テント）とか、近くのインディアン・カジノとか。

古びた鉄製の門にカラスが止まっているか？

実は引っかけ問題。もしも答えが〝はい〟ならば、古びた鉄製の門があるわけだ。その先に進むべきでない決定的なサイン。

足元にもやがよどんでいるか？

足元のもやは地上から這い出てくる者の姿を見えなくし、あなたが逃げるときにつまずきやすくさせる。

墓石の横に新しい土があるか？

説明はいらないだろう。

墓石や石室に天使の像があるか？

いかにも監督がそそられるものだ。あなたがその下を歩くと天使の目が開き、あなたに視線を向ける。悪いことが起きる前兆以外の何ものでもない。

STEP 2. 土の再生特性を調べる

墓場の土には大なり小なり再生能力がある。問題はその魔法が作用するのに何年かかるか、あるいは何分かかるか、だ。

あなたは墓場へ行く道すがらマーケットに立ち寄り、まだ頭のついている新鮮な魚を買うこと。そして墓場の奥まで歩み入る前に、地面を浅く掘って魚を埋めてみる。5分待ってからそれを掘り出せ。結果によって以下のことがわかる。

魚はまだ死んでいる

すばらしい。警戒しながらそのまま前進しろ。

魚がぴくっとだけ動く

よくない徴候だ。あなたが地中に埋めたものは、いつまでも地中にとどまっていない。あなたが掘り出したものは、少なくとも部分的に生きている。

魚があなたに嚙みつく

土がかなり速く作用する（あなたが掘り出したものは元気いっぱい）だけでなく、性質を悪化させる（邪悪でないものを埋めても邪悪になる）。

魚が急に燃え上がる
ふむ。たぶん、とんでもなくまずい事態だ。走って逃げろ。

STEP 3. 車を乗り入れろ

あなたの4輪駆動車をできるかぎり埋葬地の近くに駐めること。必要とあらば墓石のひとつやふたつ倒してもかまわない。車外に出て歩くときは、死体の埋まっている場所を踏まないように注意しろ。不謹慎だからではなく、地中から突き出すゾンビの手に足首をつかまれない用心だ。

STEP 4. 地下の石室や霊廟を避けろ

あなたがどうしても地下の石室や霊廟の入口に立つはめになったら、自分が《テラーヴァース》の最暗部を見下ろしていることを自覚するように。壁で囲まれ、錠の下りる扉がついた墓は、ヴァンパイアたちが好む昼の憩いの場である（彼らに遭遇したときにどうすべきかは116頁参照）。夜間の石室や霊廟には絶対に入ってはいけない。たとえ昼間でも、安全のために石室を取り壊してから、ショットガンをかまえながら瓦礫を調べたほうがいい。

STEP 5. 埋葬ガイドラインにしたがう

もしもあなたが埋葬地まで無事に行き着ける幸運に恵まれたとしても、以下のルールをおさらいするまで先に進んではならない。

生者を埋葬するべからず
人間の生き埋めに成功する映画をあなたが最後に観たのはいつだろうか？埋められた者は必ず脱出し、あなたを捜しにやってくる。

悪役を埋葬するべからず、掘り出すべからず
悪役がちゃんと死んでいるかどうか確かめるために土を掘り返すとしよう。どうなると思う？　彼は死んでいない。悪役がとうとう死んだと確信して土に埋めるとしよう。さあ、あなたはどうなると思う？

わが子を埋葬するべからず

子どもを亡くすのは何よりもつらい。だが、それよりつらいのは、子どもを亡くした上、ゾンビになったその子をあなた自身の手で殺すことだ。

土を掘る前に近くに避雷針を立てるべし

さもないとあなたが土を掘り始めたとたん激しい雷雨になり、落ちた雷が悪役を生き返らせることになるだろう。

穴に下りた状態で棺のふたを開けるべからず

ふたをこじ開けた瞬間、びっくり箱のようになんらかの生き物が飛び出し、あなたの顔を食らう。

STEP 6.　問答無用で撃つ

　何か動くものがあれば、迷わず銃で撃て。撃ち殺した相手は、あなたの脳みその匂いを嗅ぎつけて寄ってきたゾンビか、亡き夫の墓に花輪を供えていた罪のない老婦人のどちらかだ。どちらにしても、正しいことをしたのだと自分に言い聞かせろ。老婦人を埋葬し、花輪を焼き捨てたら、自分が死ぬより人違いのほうがまだましだと考えて、ぐっすり眠ることだ。

STEP 7.　撤退プランを用意しておく

　棺から何かが飛び出したり、ゾンビが迫ってきた場合に備え、自分が次にどう動くかをつねに想定しておくこと。賢明にも埋葬地のすぐそばまで車を乗り入れておいたなら、車内に戻り、ドアをロックしろ。毎度のごとく、エンジンがかかるのは襲撃者がウィンドーを叩き割ったときだ。車が動いたら、ヘッドライトを一番近くのフェンスに向け、そのまま突き破れ。

　忘れるな、墓場から生き延びるのは戦争を生き延びるのといっしょだ。撤退作戦なしに戦場に出るやつなどいるか？

緊急脱出ポッド・#4　莫大なコストがかかるロケ地

　あなたがもはや死をまぬがれない状況——首にあてがわれた牙、喉に突きつけられたナイフ——におちいったとき、間一髪で逃れるための実績ある手段が4つだけある。それらは爆発的に荒っぽい最後の手段ということで、緊急脱出ポッドと呼ばれる。

　緊急脱出ポッド・#4は、莫大なコストがかかるロケ地だ。ほとんどのホラー映画はわずかな予算で製作されている。なぜなら、高いロケーション代のかからない場所——森や一軒家など——で事件が起きるからだ。洞察力にすぐれたホラー映画サバイバーは、これを逆手にとって利用する。もしもあなたがチェーンソーを振り回す殺人鬼に追われたら、フィルムメイカー（そして襲撃者）が予算的に追う余裕がなくなるロケ地——天文学的に高額なロケーション代、エキストラ代、そして機材運搬の手間がかかるどこか——に避難すればよい。

大邸宅
1軒の広い邸宅で撮影すると、機材運搬の面では好都合だが、フィルムメイカーは所有者が要求する1日25,000ドルの使用料を支払わなくてはならない。

空港ターミナル
営業中の空港で撮影すると、高いコストと同時に膨大な時間がかかる。原因は厳しいセキュリティや安全規制、そして絶えることのない騒音にある。

ショッピングモール
1軒の店で撮影するには、その店の支配人との使用交渉が必要である。モールで撮影するには、すべての店の支配人と使用交渉をしなくてはならない。ホラー映画の予算でまかなうのはほぼ無理だろう。閉鎖したモール

を使うにしても、エキストラの客でいっぱいにしなければならない。

博物館

きわめて貴重な美術品のすぐ横で、ガタイのいいスタッフが照明やケーブルを乱暴に引っぱるので、フィルムメイカーは安全対策に膨大な時間を割くことになる。

スポーツイベント

ステップ1、スタジアムに使用料を支払う。ステップ2、競技に出る選手を雇う。ステップ3、客席の少なくとも一区画を満たすファンを雇う、ステップ4、破産を宣言する。

コンサート

フィルムメイカーは会場を借り、バンドにギャラを払い、必要な音響および照明機材をすべてそろえて舞台を整え、歓声を上げる数百人（数千人ではないにせよ）のエキストラで会場を埋めなくてはならない。どの項目にも莫大なコストがかかる。

法律事務所

撮影スタッフが現場に入るまでに、プロデューサーは契約上の制約を数多く課せられ、ある種の違約金を払わずにはフィルムを1フィートも回すことができない。

106　第4章　墓場からの使者　～亡霊、ゾンビ、生き返り～

いいやつ、悪いやつ、ヤバいやつ
——幽霊の種類を知る

　ポルターガイスト。亡霊。漂う者、形の明確な者、おぼろげな者。まさに実体のない脅威だ。幽霊はあらゆる種類の形状と特性を持って出現する。単に迷惑なだけの者や、信頼できる仲間になる者、人間を異世界に連れ出す意思（および手段）を持つ者もいる。ホラー映画で生き残りたいなら、あなたはその種類のちがいを指摘できないといけない。では、幽霊の6つの原型を学ぶことから始めよう。

TYPE 1.　仲間系

　この幽霊は子どもの場合が多く、生きている子どもと仲よくなりたがっている。仲間タイプは自分が死んだことを知っている。葬儀のあとは多少気分が落ちこむが、自分の新しい霊的立場をプラスにとらえるすべを学び、幽霊ならではのトリックによって生者を楽しませることで友人になったりする。仲間タイプの幽霊には、最近死んだばかりでわが子の成長を見守りたいと願っている親や、家に引っ越してきた新しい家族を好きになった善意の者もいる。

会話例
「日曜学校の宿題に手伝いが必要なら、ぼくに心当たりがあるよ」

危険度
低い。もしあなたの子どもが死者と友だちだとしても心配は無用。このタイプはあなたが子どもの友だちになってほしいと思うような死者だ。

対応
あなたが死んだ友人や家族に接するのと同様に接すればいい。もしも古い時代の幽霊と親しくなる幸運に恵まれたら、彼らから興味深い歴史話を存

いいやつ、悪いやつ、ヤバいやつ——幽霊の種類を知る **107**

分に聞ける。隣人たちの秘密をスパイしてくれるし、泥棒も阻止してくれるだろう。

TYPE 2. 困り者系

家具を勝手に動かす。新聞を取りに行ったあなたを家の外に締め出す。あなたがシャワーを浴びているとき排水口から飛び出す。困り者タイプは、居残りの罰を免除されたクラスのお調子者だ。彼らは死んだことが最高にうれしい。たぶん人生でずっと夢見てきたことなのだ。なぜなら、今や責任を一切取らずに子供じみた悪ふざけができるのだから。

会話例
「おれには時空を超えた力がある！　その力であんたの下着を隠すことに決めた！」

危険度
低い。彼らは迷惑ではあるが、身体的危害を加えることに関心はない。

対応
人間の困り者と同様、あなたが怒ったら相手が喜ぶだけだ。無視するのが一番。あなたは相手のおふざけに笑わず、幼稚さに腹を立てないこと。じきに彼らは反応の鈍い客にうんざりし、どこか別の家に行くだろう。シャワー中のあなたがなかなかの目の保養になるなら話は別。

TYPE 3. 要支援系

重要な何かをなし遂げる前に死んでしまった幽霊。その何かをあなたにやってもらおうと決めている。

会話例
「ワイキキビーチの砂粒をすべて数え上げるのを手伝ってほしい。それでようやく安らぎを得られるんだ」

危険度

並。あなたが依頼に応えてやれば、彼らは友好的になる。だが、あなたが結果を出しそこねたら（もしくは依頼を無視したら）、復讐を覚悟しなければならない。

対応

さっさと用事を片づけることだ。アラスカに住む彼の未亡人にメッセージを届ける必要があるなら、つべこべ言わずに行け。

TYPE 4. かまって系

ひっきりなしに愚痴をこぼす。あなたのベッドの端に浮かぶ。バスルームの鏡に湯気で〝出てって〟と書く。それも毎日、毎晩。彼らは、ほかの人たちが人生ときちんと折り合いをつけていると思うと居たたまれなくなるのだ。特にそのような人が〝自分の〟家にいると。

会話例

「ばあぁ！　……怖くないの？　わたしってなんて孤独なのかしら」

危険度

並。彼らはただ注目してほしいだけだ。だが、意図的かどうかは別にして、度を超して生者に危害を加えてしまう場合もある。

対応

彼らは絶えずあなたに出ていくよう警告するが、本心はその逆だ。あなたがいなくなったら、彼らはいったい誰につきまとえばいい？　あなたは幽霊に椅子にすわるよう勧め、こちらは友だちになりたいのだと明確に伝えればいい。ただし、愚痴はもうやめるという約束だけは取りつけること。

いいやつ、悪いやつ、ヤバいやつ——幽霊の種類を知る **109**

忍び寄る死の予兆に気づく——白い息

　幽霊が怒ると、われわれは寒気を覚える。ホラー映画科学の基本だ。幽霊を構成する物質の主成分は水蒸気と燐だが、この世のものとはわずかに位相がずれている。1本のケーブルで何百ものテレビチャンネルを伝送できるのと同様に、《テラーヴァース》は何百もの存在次元を許容できる。幽霊は同時に複数の次元で棲息できるだけなのだ（テレビ画面で映像が二重になる現象をなぜ〝ゴースト〟と呼ぶと思う？）。そして、ふたつのチャンネルにまたがって存在する幽霊は、双方にエネルギーを行き来させるバルブのような役目を果たす。

　幽霊は怒ると熱を発する（原理は完全に解明されていない）。怒れば怒るほど（熱くなればなるほど）、われわれの存在する次元からより多くのエネルギー（熱）を奪う。すなわち、室温が〝暖かい〟から一瞬にして〝凍えそう〟にまで下がったら、考えられる結論はただひとつ。かんかんに怒った存在がそばにいるのだ。そして幽霊が激怒したら、たちまち悪いことが起きる。

　以下を復唱のこと。「自分の吐く息が白く見えたら、死期が近い」

TYPE 5.　無自覚系

　哀れな者たち。彼らはまったく気づいていない。何ごともなかったかのように歩き回っている。日々の日課さえ続けるだろう。配偶者の横で眠り、車を運転する。そして、なぜみんなの態度がよそよそしいのか不思議に思う。

会話例

「どうしたんだ、ずっと黙って……おい、どこへ行く？　まだ話の途中だぞ！」

危険度

高い。彼らは自分の霊的立場を意識していないので、人間の活動（たとえば車の運転）をしようとして、意図せず誰かを危険な目にあわせる可能性がある。

110　第4章　墓場からの使者　～亡霊、ゾンビ、生き返り～

対応

あなたは対応しなくていい。ホラー映画でこの手の幽霊を見たり聞いたり
できるのは、精神疾患のある者かシングルマザーと暮らす悲しげな少年と
相場が決まっている。もしもあなたがそのどちらかに該当するなら、幽霊
に真相を告げる役を引き受けてはいけない。爆弾が落ちるときに爆心地に
いたいなら別だが。

TYPE 6.　くそ野郎系

人間にはどこまでも見下げ果てたくそ野郎がいる。幽霊も同じことだ。くそ
野郎タイプは天国と地獄のあいだで道に迷ったわけではない。わが子の卒業を
見届けるとか、恨みを晴らすために居残っているのでもない。彼らがうろつい
ているのは、ただ生者の世界を滅茶苦茶にしたいからなのだ。ひょっとすると
彼らはかつて虐待され、そこから解放されないのかもしれない。あるいはパパ
にリトルリーグの試合を見に来る約束を何度もすっぽかされたのかもしれない。
いずれにしても理由などどうでもいいことだ。

会話例

「わあああああ！　おまえらの大事な人生をぶち壊してやる！」

危険度

きわめて高い。彼らの唯一の目的は人間を脅かし、身体的危害を（死さえ
も）もたらすことだ。

対応

別の州に引っ越し、二度と戻ってはいけない。あなたは幽霊を殺せないし、
捕らえるのもほぼ不可能だ。あなたが戦いを挑めるのは、霊的な協力者が
共闘してくれる場合のみ（幽霊にダメージを与えられるのは幽霊だけ）。
だが、戦いであなたが殺されたとしても悲観することはない。たぶん幽霊
になってこの世に戻り、人がシャワーを浴びているところを眺められるだ
ろう。

生ける屍をどうやって殺すか

　ゾンビに殺される者は自分を恥じるべきだ。それはジェット戦闘機がおもちゃのダーツで墜落させられるのに等しい行為だから。考えうるすべての点において、人間はゾンビにまさっている。われわれのほうが速く動けるし、頭がいいし、力が強いし、適応力が高いし、ルックスだっていい。にもかかわらず、ゾンビ映画では最初の1体が出現した時点で主人公たちはいかにも脆弱な場所に立てこもる。まわりにゾンビの大群がぞろぞろ集合しているあいだ、反撃計画も立てず、ただ困惑とヒステリーの中で時間を浪費するのだ。

　　　主人公「(息を呑み)どうすればいいんだ?　前庭に20……いや、
　　　　　　30体はいる。あの歩行速度からすると、あと2時間もしたら
　　　　　　玄関ポーチにたどり着くぞ!」

　あなたの閉じこめられた映画が、部分的に腐敗した肉体で異様にぎこちなく歩く敵と戦うタイプだったら、隠れていないでやっつけろ!

STEP 1.　悲観しない

　しっかりしろ!　あなたは人間じゃないか!　高度な問題解決能力を持っているし、あんな鈍足野郎より速く走れる。獲物みたいにふるまうのをやめて、ハンターのようにふるまえ!

　もちろんあなたは怖いだろう。自信がぐらつくのは恐怖のせいだ。さあ、胸を張り、人間がゾンビよりもずっとずっとすごい理由をもう一度おさらいしよう。

速度

　人間は機敏に歩くことができる。ゾンビはカメをスケートボードとして使

う。まあ、彼らの大半がそうする。ただし、まれにではあるがすばやいゾンビもいないではない。そのような高速ゾンビの起源は不明だが、どうやら英国とリメイク作品の固有種らしい。

高度な問題解決能力
人間は火星にまでロボットを送る。ゾンビはドアノブを前にして途方に暮れる。

武器
人間には大量の銃器、ナイフ、化学薬品、爆発物があり、それを器用な指先で扱える。ゾンビの武器は歯と……それから……いや、それだけだ。歯のみ。

腕力
ゾンビは人間ほど力が強くない。それどころか彼らの筋肉は腐りかけているため、弱くてもろい。

STEP 2. 武装する

ゾンビ大発生の最初の徴候が見えたら、ただちに地元の銃器店やスポーツ用品店、〝ないものはない〟大型スーパーに押し入って道具を手に入れろ。

ライフル
対ゾンビ戦の基本の基。高性能のセミオートマチックが望ましい。

ショットガン
接近戦に最適。ゾンビの頭部が魔法のように消え失せる。

爆弾
レンガ状のC4爆薬でも、火薬と錆びた釘をつめたパイプでも、爆弾はゾンビを制圧するのにきわめて有効な手段である。

着火器具

よく知られているようにゾンビは火を恐れる。それには正当な理由があり、彼らの肉体が干からびていて燃えやすいからだ。しかも動きがのろいので、着火してもすぐには〝止まれ、倒れろ、転がれ〟を実行に移せない。

STEP 3. 罠を仕掛ける

何ヵ月も田舎を歩き回り、ナイフやこぶしでゾンビと1体ずつ戦うことも可能だ。しかし、あなたにそんな時間があるだろうか？　ゾンビは家畜牛のようなものだ。車で畜殺場に運べばいい。トラック1台分のゾンビを一気に始末する方法をひとつ示そう。（114頁イラスト参照）

- Ⓐ 限定エリアに爆薬を仕掛け、ゾンビを誘い出す餌として新鮮な脳みそを置く
- Ⓑ ゾンビが集まってくるのを待つ
- Ⓒ 起爆する
- Ⓓ 遮蔽物に身を隠す

STEP 4. 仕上げをする

爆弾が破裂したあと、ばらばらになったゾンビがあたり一面に散乱しているだろう。だが、あなたはまだ危機を脱したわけではない。ここでライフルとショットガンの出番となる。爆心地に突入し、転がった頭部に足首を嚙まれないよう注意しつつ、まだ動いているゾンビに銃弾を雨あられと降らせろ。

STEP 5. 死体を焼く

フロアブラシやシャベルでゾンビの断片を寄せ集め、無鉛ガソリンを注いで火あぶりにしろ。彼らの血液や唾液があなたの皮膚につかないよう最大限の注意を払い、発生する煙を絶対に吸わないこと。そこにはまだゾンビウィルスの痕跡が残っている恐れがある。

STEP 6. 必要に応じて繰り返す

ゾンビの美点は何か。同じ罠に毎回はまることだ。なぜなら彼らは愚かで、われわれはすぐれているから。

半死亡時遺言書の作成

《テラーヴァース》において、すべての責任ある成人は2種類の遺言書を用意しておく。1通は死亡したときのため、もう1通は半分死亡したときのためだ。あなたがゾンビになったときに家族にどうしてほしいか詳細な指示を書き残すことは、あなたの頭部を切断する家族の罪悪感をいくらか軽減させる意味でも重要である。

あなたの希望を明確にしておけば、長くて苦痛な法廷闘争を避けられるし、あなたがゾンビであろうとなかろうと、その尊厳ある死が保証される。半死亡時遺言書は以下のように簡素でかまわない。

半死亡時遺言書

わたくし＿＿＿＿＿＿＿＿は、血液に満ちた健全な生体と心の持ち主として、万が一（偶発であるか否かを問わず）ゾンビに変容した場合に、以下の3項目が適切かつ指示された順番で実行されるよう、ここに希望するものである。

1　わたくしの頭部が強制的に胴体より除去されること。
2　至近距離から高性能ライフルによって少なくとも5発の弾丸がわたくしの脳に発射されること。
3　わたくしの頭部および胴体がすべて灰になるまで焼却されること。

わたくしは以上の指示を自由意志において書き残す。

20　　年　　　月　　　日

署名　＿＿＿＿＿＿＿＿＿＿＿＿＿

ヴァンパイアをどうやって殺すか

　サタンが《テラーヴァース》の天地を創造して「恐れあれ」と告げて以来、ヴァンパイアはホラー界のトップスターであり続けた。

　みっともない殺人鬼や癇癪持ちのポルターガイストとちがい、彼らは洗練されていて気品がある。快楽や記念のために殺したりしない。彼らは食事のために殺すのだ。しかも好き嫌いがない。若い血、元気な年寄りの血、衰弱した者の血さえ吸う。「鼓動ある者みな馳走」がモットーだ。人間が素手でヴァンパイアに戦いを挑むのは自殺行為だろう。銃器はどうか？　効果がない。十字架をかざしても苦笑されるだけだ。俗説とは異なり、彼らはニンニクを非常に好む。とはいえ、彼らが不死身というわけではない。事実、ヴァンパイアは《テラーヴァース》の中でも最も弱いカテゴリーの悪役と言える。ただし、あなたが弱点の突きかたを熟知している場合にかぎるが。

STEP 1.　隠れ家に火を放つ

　ヴァンパイアはみな隠れ家を持っている。太陽が照っている時間帯を眠ってやりすごすための暗所だ。多くは石室や洞窟、地下室で、その中にいるかぎり、命取りとなる日光からの保護を十分に得られる。

　では、日中にヴァンパイアを隠れ家から外に出させるにはどうすればよいか。火をつけろ。目覚めたヴァンパイアを待ち受けるのは不快な二者択一だ。❶火を逃れて屋外に飛び出し、日光に焼かれて死ぬ。❷太陽光を恐れて屋内にとどまり、火に焼かれて死ぬ。

STEP 2.　浄めの免許を取得する

　あなたはヴァンパイアを打ち倒したいか？　ならば神学校を卒業しろ。神父に与えられる権限には、カップルを婚姻させること、ミサを主催すること、そ

して何よりもふつうの水を聖水に変えることが含まれる。聖水は吸血鬼に対して硫酸液のように働く。もちろん面倒な手間をかけたくないなら現役神父に頼んで数ガロンの聖水を都合するのもいいが、本物のヴァンパイア・ハンターなら24時間いつでもキリストのパワーを発動させ、できるだけ多くの液体（水泳プール、ボトル飲料工場、雨雲、貯水池）をあらかじめ浄めておくものだ。

STEP 3.　先端に血を塗った銃弾か矢を撃ちこむ

「ちょっと待った、血はヴァンパイアの好物じゃないのか？」

　新鮮で温かい血なら、そのとおりだ。だが、すでに死んだ者の血だと彼らは致命的な食中毒を起こす。

　精肉工場からバケツいっぱいの血を買ってきて、その中に銃弾や矢の先を軽くひたせ。それを乾燥させたら再びひたす。銃弾や矢の先端に厚い血の膜ができるまで同じ工程を繰り返せ。ショットガンの薬包に小さじ1杯の血を入れても同様に機能する。

STEP 4.　24時間営業の日焼けサロンを開く

　ヴァンパイアは見映えに気をつかう。セクシーな髪、彫像のようなボディ、仕立てのいい服。だが、彼らにとってどうしても手の届かないファッションアイテムがひとつだけある。健康的な小麦色の肌だ。日焼けマシンの人工的な紫外線なら自分に害をおよぼさないことを、彼らはちゃんと知っている。知らないのは、あなたの日焼けマシンに空気圧駆動の杭打ち装置が内蔵されていること。真夜中すぎの時間帯に予約を入れる客は例外なくヴァンパイアだろう。ひょっとすると罪のない人間を殺してしまう可能性がなきにしもあらずだが、そんな時間に日焼けマシンを使うのはとても孤独な人たちにちがいないから、誰も悲しんだりしない。

118　第4章　墓場からの使者　〜亡霊、ゾンビ、生き返り〜

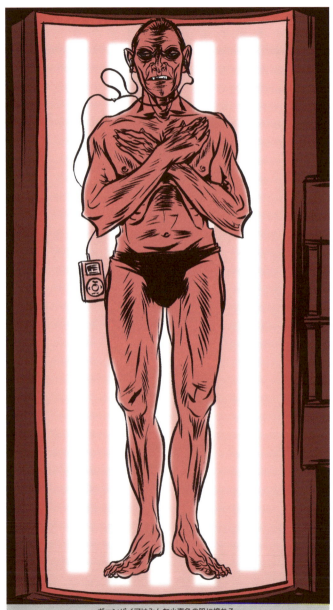

ヴァンパイアはみんな小麦色の肌に憧れる。

ヴァンパイアをどうやって殺すか **119**

STEP 5.　インタヴューする

　結局のところ、ヴァンパイアの最大の弱点はその虚栄心だろう。彼らは自分のライフストーリーを語るチャンスを見すごすことができない。相手が有名な作家やジャーナリストであればなおさらだ。あなたはこう思うだろう。彼らは人前に出るのを嫌い、世間の注目を集めるのを警戒し、地元のヴァンパイア・ハンターを刺激するのを恐れているのではないか、と。ところが、彼らはいっこうに気にしない。ヴァンパイアの人生は長く、孤独だ。誰かに半生を聞いてもらいたいと思うのが人情ではないか。次のような広告を出して、電話がじゃんじゃん鳴るのを待て。

> **求むヴァンパイア**
> **あなたの人生について肯定的で幅広い観点から語ってください。**
> **聞き手はプロのインタヴューアー。秘密厳守。拘束は2時間まで。報酬なし。**
> **連絡先・[ここにあなたのEメールアドレスか電話番号を]**

　どのように待ち伏せて殺すかは、あなた次第だ。

STEP 6.　ヴァンパイアになる

　対ヴァンパイア戦におけるメガトン級の選択肢。たとえ自分が破滅するとわかっていても敵を破滅させようという方法である。

　ヴァンパイアになるのは簡単だ。街の暗い路地（できれば墓地の近く）をぶらつき、1体があらわれてあなたに牙を立てるのを待てばよい。身体から血液が抜かれるとき、クラブ・デッドの入会申請をすること。彼らは自分の血をあなたに吸わせるだろう。あなたは気がつくと赤いネクターを渇望している。ひとたび変容すれば、ほかのヴァンパイアを見つけるのが容易になる。かなり遠くからでも同族の匂いを嗅ぎつける能力が身につくし、彼らのあらゆるパーティに招待されるようになるからだ。敏捷さと力強さが彼らと同レベルに上がったあなたは、敵を楽に殺せるだろう。この作戦の欠点は、身のまわりのヴァンパイアをすべて殺したら、今度は自分を殺さなくてはならないことだ。

120 第4章 墓場からの使者 ～亡霊、ゾンビ、生き返り～

自分が映画の冒頭から
死者だったかをどうやって知るか

かつて人は自分の立場をはっきりと認識していた。戦う相手がヴァンパイアであれ、形のない生物であれ、ホラー映画の主人公にはひとつの確信があった。すなわち、自分は生きている、という確信が。ところが近ごろ、《テラーヴァース》全土を席巻している最新流行のダンスがある。ひねりだ。映画のラストで明かさせる衝撃の事実──彼は開始10分の時点からずっと死んでいた！　これはほかのジャンルではけっして受け入れられない仕掛けである。

この引っかけを成功させるために、シナリオライターは主人公を〝ＦＲＥＤ〟と呼ばれる状態（Failure to Recognize Earthly Death ＝現世の死の知覚不全）に置く。あなたがホラー映画に閉じこめられているなら、この地には確かなものなどひとつもない。もちろん、あなたの生死さえも。

STEP 1.　近い過去を振り返る

あなたは最近、死んでもおかしくなかったほどの事態に巻きこまれなかったか？　強盗事件や交通事故、航空機墜落事故は？　かろうじて生き延びて幸運を噛みしめた、などというできごとはないか？　その直後に何が起きたか覚えているか？　友人、家族、見舞いの花に囲まれた病室のベッドで目覚めたか、それとも記憶がすべて曖昧か？　自分でも説明できない大きな時間の欠落がないか？　外傷後の時間損失は、ＦＲＥＤの重要な指標となる。

STEP 2.　幽霊に遭遇したか？

ＦＲＥＤ被害者はしばしば〝逆転幽霊〟として知られる現象を経験する。この現象は、彼らが生きている人たちを幽霊と誤解するのが原因で、通常は新しい一家が彼らの家に引っ越してきたときに起きる。ある種の人たちには幽霊が

実体として見えるが、それと同じように、特定の幽霊には生きている人間が幻影として見える。よって、ある日あなたのマンションに幽霊じみた男や女や子どもがあらわれ、まるで家の所有者のようにふるまい始めたら、彼らは本当に新しい所有者かもしれない。

STEP 3.　他者を観察する

まわりの人たちがあなたにどんな態度を取っているだろうか？　とても無礼？　あなたのパーソナルスペースを意に介さない？　ドアを目の前で閉めたり、ぶつかっても謝らない（それが頻繁に起きる）？　あなたと目を合わせるのは犬かホームレスか気味の悪い子どもだけ？　ポーカー仲間はいつもあなたにだけカードを配り忘れる？　わが子がますます無愛想になった？　奥さんはまるであなたがそこにいないかのように見知らぬ男を家に連れこんでベッドをともにする？

まわりの人たちがそのような態度を取る原因は、あなたに愛想が尽きたからではなく、あなたの生命が尽きたからかもしれない。

STEP 4.　ルールを破ってみる

死者であることにも利点はある。たとえば、常識や世間のルールに縛られないこと。ゆえに、そうしたルールがまだ自分に適用されるかどうかを試すのは、あなたの死を確実に判定できる方法のひとつとなる。

立入禁止エリアに立ち入る

たとえば異性の更衣室やペンタゴンに入ってみろ。誰にも制止されなかったら（なおかつ、あなたに異性の服を着る趣味がなく、軍のお偉いさんでもなかったら）、あなたは死んでいるかもしれない。

トイレのあとで流さない

数日たっても誰も文句を言ってこなかったら、あなたの排泄物がこの世のものでない公算がきわめて強い。

122 第4章 墓場からの使者 〜亡霊、ゾンビ、生き返り〜

フェンウェイパーク球場でヤンキースを応援する
7回までレッドソックス・ファンに殺されずにいたら、あなたはもう死んでいる。

メインディッシュをサラダ用フォークで食べる
あなたの非常識を誰も笑わなかったら、あなたの死亡は確定的。

靴下のままサンダルを履く
もしくは黒靴に茶色のハンドバッグを合わせる。地元のファッションポリスに白い目で見られなければ、あなたが死んでいるのはほぼ確実。

テキサス人に喧嘩を売る
生きた人間がテキサス人に喧嘩を売って無事だったためしがない。テキサス人に喧嘩を売っても平気だったら、あなたは秋のセミと同じ確率で死んでいる。

STEP 5. 曖昧な態度をやめる

　あなたの映画のシナリオライターは、すれっからしの観客たちの一歩先を行こうと日夜知恵を絞っている。あなたがまだ生きているように見せるためには、あなたとほかの人たちの会話があたかも噛み合っているようなシチュエーションをひねり出さないといけない。そこでは、あなた（主人公）の態度ができるだけ曖昧であることが必須となる。

　　　主人公　「聞いてくれ、サム……自分でもわかってるんだ、
　　　　　　　おれが世界一いい兄貴じゃないってことぐらい。
　　　　　　　でも、これだけはわかってくれ。おまえを愛してる」
　　　サム　　「(目をそらし、ささやき声で) なぜだ、リアム……。
　　　　　　　なんでこんなことになっちまうんだ？」

あなたが曖昧な態度をやめると、このようになる。

主人公　「サム、9の平方根はいくつだ?」
サム　　「(目をそらし、ささやき声で) なぜだ、リアム……。
　　　　なんでこんなことになっちまうんだ?」

STEP 6.　行動を記録する

　自分が死んでいると気づいて間もないＦＲＥＤ被害者 (ただし次の次元には
まだ移行していない) たちの体験談によると、幽霊たちは生活時間の〝短絡〟
を経験するらしい。神出鬼没のフィルム編集者が、ある時刻から別の時刻へと
まるでギャップなどないようにスムーズに場面をつなぐので、幽霊たちは異常
な短絡が起きていることに気づきもしないのだという。

　この現象のせいで、ＦＲＥＤ被害者たちは約束を守るのが大の苦手なのだ。
彼らの時間の流れがわれわれのものと同じでないのだから、それも当然だろう。
今まで時間に几帳面だったあなたが急にランチの約束をすっぽかしたり、時間
がどこかに消えてしまったと頻繁に感じるようになったら、昼間の行動を毎日
記録してみることだ。どこで何をしたかを30分ごとに12時間分書きとめる
だけでいい。それを夜になって読み返してみろ。項目が24個より明らかに少
なかったら、誰かがあなたの生活を部分的にカットしている可能性がある。

STEP 7.　一気にけりをつける

　行動を記録したり周囲の態度を観察したところで、結局は、近所のコンビニ
へ行くほどには役に立たない。自分が死んでいるかどうかを本当に知りたいか?
だったら、けりをつければいい。見知らぬ人に近づいていって時間を尋ねろ。
歩行者の流れにふらっと入ってみて、あわててよける人間がいるかどうか確か
めろ。コンビニエンスストアに入って煙草をひと箱買ってみろ。店員があなた
に気づかない様子なら、あなたは死んでいる。店員が煙草を売ってくれたなら、
あなたは生きている。

　だが、気をつけろ。そんなものを吸っていたら死ぬぞ。

第 5 章

FANGS OF FURY
ALIENS
AND BEASTS

怒れる牙
〜エイリアンと凶悪生物〜

ニュート「早く引き返さなきゃ。もうすぐ暗くなっちゃうから。
あいつら、夜に来るの……だいたいいつもそう」
——『エイリアン2』（1986）より

　白状しよう。わたしはエイリアンや悪霊の取り憑いた動物がけっこう好きだ。
彼らの容赦ない殺しかたには、ほかの無作法な敵たちとはちがって、どこか品
位のようなものが感じられる。ある意味、彼らに殺されるのは名誉だ。とはい
え、燃えている彼らの死体から勝利の葉巻に火をつけるほうが、もっと名誉な
ことだろう。

128 第5章 怒れる牙 ～エイリアンと凶悪生物～

宇宙人の総攻撃から
どうやって生き延びるか

　テレビがパチパチ鳴って画面が消える。キッチンシンクでは汚れた皿の山がカチャカチャと音をたてる。地震だろうか。思うまもなく停電になる。カーテンを開けると、外灯の淡い黄色の光が射しこんでくる。あなたはふと疑問に思う。

あなた「停電だったら、なぜ外灯だけが光って……」

　あなたは隣人たちが外に出ているのに気づく。一様に目を大きく見開き、空を指さしている。淡い黄色の光で満ちている空を。
　ついに、それが始まる。
　噂が飛び交う。数百隻の宇宙船。いや、数千隻の宇宙船が世界中の大都市上空に浮かんでいる。通りを戦車が走っていく。各国の首脳が不安な国民に向けて演説する。宗教施設は人でごった返す。ＥＲは心臓発作と自殺未遂の患者であふれ返る。そして、あなたは迷う。ここにとどまるか、どこかへ行くか、それともこうした非常時のために隠し持っている青酸カリのカプセルを飲むか……。

STEP 1.　信用しない
　トルーマン大統領の時代に確立された映画のルールがある。すなわち、〝宇宙人が大挙して地球に押し寄せたら、それは平和目的ではない〟。その紫色の手でオリーブの枝を差し出してきたとしても、別の手には光線銃を隠し持っている。宇宙人がひとりだったら問題ない。あなたがいるのは、おとな向けの良質な映画だ。ふたり以上の宇宙人ならどうか。それはもう全面攻撃だ。保証する。

宇宙人が集団でやってくる目的は次の3つしかない。

われわれを食べる

どうやら人間はかなり美味なごちそうらしい（彼らは母星で何を常食にしているのだろう？）。

われわれを奴隷にして地球の資源を奪う

彼らの惑星では原油が枯渇しかけており、われわれのものを横取りしに来た（はっ、枯渇しかけているのはこっちのほうだ）。

理由もなくわれわれを滅亡させる

まさに彼らが〝人でなし〟だという事実以外に理由はない。彼らは数十億年におよぶ進化と哲学的考察と科学的進歩の果てに、万物の意味は殺すことにあると結論づけたほどの〝人でなし〟なのだ。

くれぐれも宇宙人を信用してはいけない。たとえ彼らが癌の治療法をもたらし、世界から飢餓をなくしたとしても、それは食料であるわれわれから腫瘍をなくし、まるまると太らせたいからにすぎない。

STEP 2.　宇宙船に近づかない

宇宙人の恐ろしさを最初に思い知らされる役目は、宇宙船のそばでフルートを吹くヒッピーたちに任せておけばいい。

「おい、見ろよ！　彼らが何か光らせたぞ。すごくきれいじゃないか。次に何が起きるのかな？」

ネタバレをさせてくれ。ヒッピーたちはゾラクシアン・クレルボアを浴びて、一瞬のうちに骨が熱々にとろけてしまう。

STEP 3.　略奪する

あなたは略奪がいけないことだと考えるかもしれない。だが、宇宙船が攻撃を開始したとき、車で地元の大型スーパーに出かけてレジ係が出勤するのを根

宇宙人が大挙して地球に押し寄せたら、それは平和目的ではない。

気よく待っているあいだ、しばらくは文明生活と無縁になるのだと気づいたとたん、ショッピングカートを窓に叩きつけて商品をつかみ始めるだろう。

食品
ドライフード、缶詰、粉末食品のみ。それを運べるだけ運べ。

拳銃
弾薬もどっさり。宇宙人と戦うためではない。あなたの略奪品を強奪しようとする人間たちから自分を守るためだ。

キャンプ用品
テント、寝袋、フラッシュライト、防水マッチ、手回しラジオ、双眼鏡、ナイフ、プロパンボンベ、毛布、電池、ロープ。

救急用品
包帯、オキシドール、痛み止めは最優先で入手する。

大容量の水鉄砲

説明は 134 ページを参照のこと。

STEP 4. 僻地に避難する

宇宙人の攻撃がどれほど大規模でも、少なくとも初期段階では都市部に限定される。襲来の目的がわれわれを食べることなら、まず狙うのは人口の多い都市だろう。目的がわれわれの奴隷化であれば、やはり国家のリーダーがいる都市に来る。そして、彼らが単なる人でなしであるなら、短時間で最大の被害を与えられる都市を攻撃する。

あなたは大都市圏の近くにいてはいけない。もしもあなたがいる場所が、隠遁生活を送るならここだと夢に描いていた誰も知らない小さな町なら、そこにとどまること。もしもあなたが、車で地方に行ったときに「こんな田舎に住んでるやつを信用できるか？」などと傲慢な口をきくような都会人なら、そんな田舎に行って住むべき。

避難に適した僻地

森（春と夏）

こんもりと茂る梢がよい目隠しになるし、缶詰が底をついたときには豊富な野生動物が食料となる。

洞窟（秋と冬）

われわれが何千年も洞窟に住んできたのには理由がある。暖かさを容易に確保でき、風雨がしのげ、身を隠せる。奥行きが深ければ深いほどいい。

避難に適さない僻地

トウモロコシ畑

おそらく侵略者たちの目印の場所か集結地点として使用されている。それにホラー映画では、トウモロコシ畑は行ってはいけない場所のひとつだ（150頁参照）。

ホラー映画における危険な職業選択

　ホラー映画を生き抜くのはひどくむずかしい。たとえあなたが、99.9 パーセントの致死率を誇る次の職業を選択しなかったとしても。

Ⓐ 墓掘り人

あなたは墓穴を掘らねばならない。それも墓地でたったひとり。

Ⓑ 極地科学者

仕事場は世間と最も隔絶した地域。夜が 6 ヵ月も続く。好条件にもほどがある。

Ⓒ 警備員

夜中に変な物音がしたら確かめに行くのがあなたの仕事。

Ⓓ キャンプ指導員

森の中で 10 代の子たちに威張り散らす権力者。まさかあなたがこのページを読むまで生き残っているとは……。

Ⓔ 売春婦

映画の中で売春は死に値するので、売春婦は死ぬ場面さえスクリーンにめったに映してもらえない。主人公の中年警官の手で、ごみコンテナの中から遺体を引っぱり出されるときが、たぶん売春婦の最初の登場シーン。

Ⓕ 施設管理人

妙だな。プールの出入口に鍵をかけたはずなのに、夜間照明がなぜ消えた？　しかも、あの笑い声はなぜ水の中から聞こえる気がするのだろう？

大草原

だだっ広い場所ではどこにも身を隠せない。

STEP 5. 水辺から離れない

　もしもあなたが船を所有しているなら、優越感にひたる手段としてではなく、今こそもっと実用的に使用するときだ。宇宙人は、われわれの星の70パーセントを占める海を避ける傾向がある。あなたは船を数キロ沖合いまで出し、可能であればこの混乱が終息するまで洋上で待つことだ。潜水艦を調達できるなら、なおけっこう。

　もしも海や湖や川が遠くて、水場といえばテントの屋根にできた雨水だまりしかないという場合でも心配はいらない。大容量の水鉄砲を略奪したのを覚えているだろうか。タンクをその雨水で満たした水鉄砲をつねに持ち歩け。もしも宇宙人と遭遇したら、敵をびしょぬれにしろ。銃弾を浴びせるよりも殺せる可能性が高い。宇宙人侵略映画というのは基本的にテクノロジーに依存しすぎる人間のメタファーであり、そこで宇宙人を屈服させるものはたいてい原始的な何かだ。地球固有のバクテリアしかり、ハチのひと刺ししかり、水しかり。

　　ゾラク「艦隊を集結させよ。あの青い惑星はわれわれのものだ！」
　　クロム「ですが、青い惑星はコルロックにおおわれています」
　　ゾラク「それがどうした？」
　　クロム「コルロックはわれわれのシンダクスをメクラルに変えるのでは？」
　　ゾラク「(少し考えて) いい指摘だ。(ほかの者たちに) よし、みなの者、
　　　　　　　聞こえたな？　コルロック一帯には近づくな」
　　クロム「しかし、そのようなことはできま……」
　　ゾラク「攻撃開始！」

旅客機内にヘビがいたら どうすればよいか

　バスにクマがいる？　わたしも乗せてくれ。ヨットにミーアキャット？　愛らしいではないか。旅客機にヘビ？　まさしく恐怖そのものだ。

　ホラー映画と航空映画は1世紀以上にわたって平和に共存してきた。確かに単発の衝突事件はあった。たとえば、翼に乗っている怪物とか、サイコな乗客とか。だが、いつも小規模で、映画の焦点は飛行機全体ではなく個人に当てられていた。なのに、ついに長い休戦状態が破られてしまったのだ。今やわれわれのいる《テラーヴァース》では、毒でもだえ死ぬ危険から誰ひとり逃れることができない。

　アメリカン恐怖航空にご搭乗ありがとうございます。

STEP 1.　特殊スキルのある乗客を集める

「待ってくれ……STEP 1は〝旅客機を着陸させる〟じゃないのか？」

　あなたが陸地の上空を飛んでいるなら確かにそうだ。しかし、現実はどうか。あなたの真下に陸地はない。近くにもない。仮に陸地の上空という奇跡に恵まれたとしても、着陸用の車輪が出ない。あなたの映画のシナリオライターはまぬけではないのだ。ヘビでいっぱいの機体に何百人もの男と女、子どもまで閉じこめるようなサディスティックな相手が、あなたをそうたやすく解放してくれると思うか？

　あなたが最初に受け入れるべきなのは、どれほど自分がタフだと自認していても、この厳しい試練をひとりでは乗り切れないということだ。あなたには協力者が必要だ。幸運なことに旅客機はまさにそれを見つけられる場所である。映画の大陸間フライトでは、乗客名簿に次のタイプがそれぞれひとりは必ず記載されている。

136 第 5 章　怒れる牙　～エイリアンと凶悪生物～

- 政府がなぜか民間航空機で移送することにした危険な犯罪者
  闇社会を生き抜いてきたしたたかさが、いざというときに役に立つ。

- 犯罪者を連行中の連邦捜査官
  ＦＢＩ捜査官もしくは航空保安官。銃を所持し、あなたが生き延びるための
  ノウハウを持っている。

- ハイジャック犯
  コックピットに押し入って行き先を変更させる計画だった。だが、それはコ
  ブラに取り囲まれるまでの話。彼はおそらく経験と技術を持つ退役軍人だが、
  政治的に異なるあなたの意見は今回は胸にしまっておけ。

- ヘビに嚙まれた者を手当てする医師
  ここで言う手当てとは、〝患者が苦しみながら死んでいくあいだ、その額を
  ぬらした布で冷やす〟ことだ。

- 操縦の知識が多少ある男
  パイロットが死んだ（だいたい開始30分あたり）あと、機体をどうにか上
  空にとどめておく。

STEP 2.　よじ登る

　よじ登る対象は座席だ。ヘビは床を這い回るから、そこから両足を離してお
け。もしも客室が上下２段になっている機体（ボーイング747やエアバス
A380）だったら、上部デッキに移れ。おそらくヘビが大量に逃げ出した場所
は貨物室のはずだから、あなたのところに登ってくるまで時間がかかる。

STEP 3.　床に防虫剤をばらまく

　防虫剤の主成分はナフタレンだが、ヘビもこの物質を嫌う。次のフライトの
とき、あなたの手荷物からおばあちゃんのクローゼットの匂いがすると誰かに
指摘されたら、ウインクしながらこう言っておけ。「きみがその理由を思い知

る事態が起きないことを祈ろう」

STEP 4. 手荷物の雪崩を起こす

　乗客たちに指示して、頭上の手荷物入れをすべて開けさせる（中身が入れ替わっているかもしれないので要注意）。次に、コックピットに強引に入り、死んだパイロットの代わりに操縦の知識が多少ある男を操縦席に着かせる。機内アナウンスで、客室の前３分の２の部分に乗客全員が移動するよう告げる。機首が持ち上がるのを防ぐアルファ・リミッター装置を解除し、操縦桿を思いきり引いて旅客機を急角度で上昇させる。操縦桿が激しく振動しても気にしない。

　客室では、ヘビの群れが手荷物とともに機体後方へ床をすべり落ちていく。それで圧死しなかったヘビも、ルイ・ヴィトンの山を乗り越えねばならない分、あなたに近づくまでには時間がかかる。

旅客機の中のヘビは獰猛なマングースの敵ではない。

138　第 5 章　怒れる牙　〜エイリアンと凶悪生物〜

STEP 5.　スーツケースいっぱいのマングースを解き放つ

　好きなだけ笑うがいい。だが、実際、ホラー映画の旅客機内における乗客の死因第 1 位はヘビなのだ。腹を減らしたマングース入りバッグという形態の海外旅行保険に入るのが、それほど馬鹿げたことだろうか。

　マングースの詰まったバッグを 2 個用意してもいいが、ほとんどの航空会社では機内持ちこみの制限が 2 個までとなっている。あなたのバッグの 1 個はすでに防虫剤でいっぱいのはずだ。

STEP 6.　吹き飛ばす

　つまりこういうことだ。シナリオライター（もしくは監督）で、派手な〝減圧〟シーンの誘惑に抵抗できる者はいない。映画物理学によれば、機体に弾丸大の穴があいたら、ネジ止めされていないものは何もかも外に吸い出されてしまう。あなたがどんなに多くのヘビを退治したとしても、フィルムメイカーが満足するまでは何匹でも襲ってくる。

❶　**ベルトを着用する**
　　座席のテーブルを収納し、安全ベルトをしっかりと締める。
❷　**酸素マスクを下げる**
　　バッグがふくらんでいなくても、酸素はちゃんと供給されている。
❸　**どこかの窓を撃つ**
　　連邦捜査官（もしくはハイジャック犯）が所持する銃の出番だ。銃弾で窓に穴があいた瞬間、機内は『ツイスター』の削除シーンへと一変する。
❹　**高度を 1 万フィート（3 千メートル）以下にする**
　　ヘビが 1 匹残らず外に吸い出されるまで数秒しかかからないはずだ。乗客が十分な酸素を吸えるよう、操縦の知識が多少ある男はこの高度まで機体を急降下させ、気圧差をゼロにしなければならない。

　ほら、それほど面倒ではないだろう？　あとは操縦の知識が多少ある男が巨大ジェット旅客機を無事に着陸させるのを待てばいい。もっとも彼は、今まで

忍び寄る死の予兆に気づく──嫌な女

　もはやあとかたもない夫の（肝っ）玉を四六時中握りつぶす。ポメラニアンの毛にちがう色のリボンをつけたトリマーを怒鳴りつける。小児病院の喘息病棟で煙草を吹かす。

　彼女は嫌な女。そして、いつ死んでもおかしくない存在。

　ホラー映画のシナリオライターは大衆受けする殺害場面を加えるのが大好きだが、不快な女性を残酷に殺すのが最も支持されることを、かなり昔に発見している。

・野犬捕獲員の電話番号を短縮ダイヤルに登録している金持ち老婆
・夫の〝失態〟を人前でなじるのが大好きなマティーニづけの妻
・娘を家から出さない抑圧的な母
・冷酷さで高校を支配するチアリーダー部のキャプテン

　彼女たちには共通点がひとつある。エンドロールの前に殺人鬼の訪問を受けることだ（どこの映画館でも観客は大喜び）。もしもホラー映画であなたが嫌な女にひどい目にあわされても、ただほほ笑み、明るさを失わないこと。どうせ彼女はすぐに始末される。

本物を操縦したことが一度もないのだが。

つねに悪である10種の野生動物

1. **サル** 日和見主義の鼻つまみ者。たとえ腐りかけのバナナの皮のためでも、自分の母親を売りかねない。だからこそ、彼らは悪役にスパイとして雇われる。

2. **ロットワイラー犬** 犬は一般に悪ではないが、これだけは例外種。ロットワイラー犬はサタンの契約書にその肉球を押したにちがいない。なぜなら、彼らは決まって狂ったサイコパスか反キリスト主義者の飼い犬を務めるから。

3. **サメ** 現実世界でも十分恐ろしいが、ホラー映画のサメは悪意を持ったり、複雑な問題を解決したり、船を食ったり、地球の反対側まで人間を追跡したりできる。

4. **カラス** 鳥として見ればカラスは悪い感じではないが、いかんせん昔から、忍び寄る死の予兆のひとつである。

5. **ネコ** サルは損得で悪になるのに対し、ネコは根っからの悪である。動機もなくあなたを裏切り、あなたの赤ん坊の呼吸を奪う。悪の行為にこの上ない喜びを感じるのだ。

6. **ネズミ** ネズミを1匹見かけたら、そこには1万4千匹隠れている。もしも1万4千匹見かけたら、そこには彼らを使って人を殺す反社会的な人間が隠れている。

7. **コウモリ** 本当はコウモリではない。ヴァンパイアだ。

8. **フクロウ** 彼らは、自分たちの悪いキャラクター・イメージを払拭しようとPR活動を展開してきた。金を使って数本のファミリー映画に出演し、信頼のおける友人や絶滅危惧種を演じてきたが、騙されてはいけない。彼らは無情な殺し屋だ。

9. **ナマケモノ** 実際、ナマケモノに悪の要素は見いだしがたい。しかし、7つの大罪のひとつを体現する唯一の動物であることを考えると、避けたほうが賢明だろう。

10. **オオカミ** 本当はオオカミではない。オオカミ人間だ。

142　第 5 章　怒れる牙　〜エイリアンと凶悪生物〜

スペース・ホラー映画を
どうやって生き延びるか

　孤立無援。それがホラー映画のハラハラ・ドキドキ感を倍増させる秘密の
ソースだ。上映時間の 99 パーセントのあいだ、主人公たちはなんらかの孤立
状態にある。物理的な場合（人里離れたキャビン、雪に閉じこめられたホテル）
もあるし、超自然的な場合（狂気、死後の世界）もあるし、あるいはその両方
の場合もある。しかし、宇宙の孤立感にかなうものはない。

　救助隊は遠く何光年も離れている。外に逃げる選択肢はない。しかも、あな
たが直面する敵はいつも口がふたつ以上ある。さらに悪いことに、スペース・
ホラー映画は最も予算がかかるジャンルのひとつであり、ということは、シナ
リオライターも監督もビデオスルー作品に比べてレベルが格段にちがう。あな
たの敵対者であるフィルムメイカーの才能が豊かであればあるほど、人類最後
の開拓地があなたの最後の埋葬地となる確率が高い。

STEP 1.　遭難信号には応答しない

　誰かが遭難状態にある場所に、あなたはなぜ向かおうとするのか？　ホラー
映画において、〝ヘルプ！〟を〝われわれのハイパードライブがまた故障した〟
と解釈してはいけない。〝ほかのメンバーはこのメッセージを送れるほど長く
生きられなかった〟が本当の意味だ。あなたが到着するまでに最後の生存者が
死んでいるだけではなく、彼らを殺した何者かは空腹を抱えている。発信者番
号の通知機能はまさにこのために発明されたのだ。

　　通信士官　　「キャプテン！　孤児輸送船〈チャリティ 7〉から
　　　　　　　　遭難信号を受信しました！　孤児たちに何か異常が
　　　　　　　　発生したと言ってます！」
　　キャプテン　「そうか。では……留守電に切り替えろ」

STEP 2. 応答がない原因を調査しない

遭難信号よりも不吉なのはただひとつ。信号がないことだ。

- 辺遠コロニーとの通信が途絶えた場合、そこの住人たちは死んでいる。遺体や装置の回収を試みてはいけない。STEP 7 へ進むこと。
- 宇宙船が呼びかけに応じない場合、クルーは全員死んでいるか、異次元から来た正体不明の怪物によって正気を失わされて船内の人間の魂を食べているか、どちらかだ。STEP 7 へ進むこと。
- 同僚クルーがインターコムに応えない場合、彼もしくは彼女はエイリアンに飲みこまれて消化されたあと、胃と相性がよくなかったために機関室の床に液体として嘔吐されている。同僚クルーがいた区画が遠隔操作で分離・投棄可能なら、迷わずそうしたほうがいい。でなければ、自爆プロセスを開始させて最寄りの脱出ポッドに走れ。

STEP 3. 未探査の惑星を探査しない

これは純粋なＳＦ映画ではない。未知の世界で待っているのは喋るサルではないし、高度なテクノロジーとセクシーさを兼ね備えた夢のような女族でもない。実際にいるのは黒くて冷たい岩で、あなたたちクルーをひとりずつ食べるという悪意を秘めている。見つけた星がポケット版惑星マップに載っていなかったら、そのまま通りすぎろ。

STEP 4. ワームホールを通り抜けない

この世には知らないほうがいいことがある。

パンドラの好奇心がこの世に災いを解き放って以来、物書きたちは口を酸っぱくしてそう言ってきた。すべてはパンドラが箱の中身を知りたくなってしまったせいだ。にもかかわらず、ホラー映画の登場人物たちは、ときとしてなんのひねりもない言葉で問い続ける。

「箱の中身はなんだろう？」

基本的にワームホールは、その中を通ると宇宙空間の数百光年、数百万光

年、あるいは数十億光年もの距離を近道できる。まるでパンドラのように、あなたはダークマターの光るさざ波を見つめ、反対側に何があるのかと思いをはせるかもしれない。どのような展開になるか想像してみるといい。あなたは現代のマゼランになるだろう。あなたがすべきなのは、ほんの少し前進してワームホールの中に入ることだ。そして、それを実行する。光と時間がターコイズブルーの色合いを帯びながらありえないスピードで進む中、あなたは吐き気をもよおすほど明瞭な事実に思い当たる。

「待てよ……おれがいるのはホラー映画だあああぁぁぁぁ」

　もう手遅れだ。

冷凍睡眠に入る前のチェックリスト

　あなたは寝る前に戸締まりをするか？　もちろんするだろう。われわれは眠っているあいだきわめて無防備になるので用心を怠らない。だが、8時間以上の睡眠を予定している場合はどうだろう？　もしもあなたが2年以上も眠るつもりだったら？　あなたは戸締まりよりずっと徹底的な用心をする必要がある。ハイパースリープに入るときは、次の項目すべてにチェックマークが入るまで眠ってはいけない。

☐ スキャナーが船内に謎の生命体や正体不明の動きを探知していない。
☐ クルーおよび乗客のエコー検査でエイリアンの胎児が見つからない。
☐ 船のコンピュータが生命維持装置を切る秘密の指示を受けていない。
☐ 女性はセクシーなコットンの下着を着けている。
☐ 船の予定軌道上に小惑星帯、惑星、ブラックホールが存在しない。
☐ 目覚ましの鳴る10分前にコーヒーメーカーが作動するようセットした。

スペース・ホラー映画をどうやって生き延びるか **145**

STEP 5.　明かりをつけろ

　スペース・ホラー映画の描く事実によれば、さほど遠くない未来において、宇宙船のデザインは愚かしいほどに飛躍的な発展を遂げることになる。内部が明るく照らされた省スペースの宇宙船に飽き飽きしたデザイナーたちが、不必要なデッキを次から次へと加えて銀河のマンモスタンカーをますます巨大化させていくらしい。船内には不規則に蒸気を噴き出すダクトや回転するビーコン灯、隠れ場所などがどっさりあるが、電球だけはほんのわずかしか見当たらない。

　監督と撮影カメラマンがせめぎ合う中、ムード優先でリアリズムが犠牲になり、照明が減らされることで恐怖の因子が増えていく。しかし、あなたはブリッジを離れることなく反撃が可能だ。

あなた	「コンピュータ、船内照明を100パーセントに設定しろ」
コンピュータ	「そのようなことは、きわめて非効率と思われます」
あなた	「本船はクルー5名に対してデッキが26もあるが、その事実についてはどうだ？　非効率ではないか？」
コンピュータ	「いい指摘です。照明を明るくします」

STEP 6.　船の見捨てどきを知る

　フィルムメイカーは、あなたが最後の最後まで任務を放棄しないことを望んでいる。だが、あなたはその見上げた精神を現実の人生に残しておくべきだ。次のような危機の徴候を察知したら、脱出ポッドに走れ。それは恥でもなんでもない。

誰かの胸から何かが飛び出す
それがエイリアンでもハトでも、急いで逃げろ。

救出任務に就く
すでに述べたとおり。宇宙空間に救出などというものはない。あなたは第2の犠牲者になるだけ。

146　第5章　怒れる牙　〜エイリアンと凶悪生物〜

亡き妻が船内を歩いている
あなたは頭がおかしくなりつつあり、宇宙船はさらに正気を失わせようともくろんでいる。すぐに離脱しろ。

マッシュポテトで何かを作らずにいられない
あなたはその作業を続行すべき。すごくよくできているじゃないか。

STEP 7.　遠くにある気味の悪いものはすべて核攻撃する
安全を確実にするただひとつの方法だ。

未探査の惑星に着陸したら、悪意を秘めた黒くて冷たい岩に気をつけろ。

第 666 章

THE SATANIC "VERSUS"

CURSES, DEMONS, AND THE DEVIL HIMSELF

サタンに打ち勝たん
～呪い、デーモン、悪魔～

リーガン「今日は悪魔祓いにもってこいの日じゃないか」
——『エクソシスト』（1973）より

（サイモン＆ガーファンクル〝サウンド・オブ・サイレンス〟のメロディで）

Hello Satan, my old friend. I've come to fight with you again.
Because you're worse than any poltergeist.
You turn our kids into the Antichrist.
And the demon, that you planted in that girl——made her hurl.
Now hear my sound ... of violence.

ハロー、サタン、わが古き友よ。またきみと戦いに来たよ。

だって、きみはどんなポルターガイストよりも最悪だから。

きみはわれわれの子どもたちを反キリストに変えてしまうから。

それに、デーモンを、きみは少女に取り憑かせた——ゲロまで吐かせて。

さあ、聞くがいい、わがヴァイオレンスの音を。

トウモロコシ畑を子どもたちに
占拠されたらどうすればよいか

　ホラー映画では、トウモロコシ農家は最も命にかかわる職業のひとつ（人家から遠い場所、野生動物、鋭利な道具の数々）だが、さらにシナリオライターにとっては、トウモロコシの茎は邪悪なものを受信するアンテナに等しい。なぜか？　トウモロコシ畑は孤立状態の明白なメタファーであり、簡単に迷子になりやすく、撮影が安く上がり、何よりも内部の様子がまったく見えないからである。このように絶好のホラー条件がそろったエリアなので、トウモロコシ畑にはデーモン、目印を残す宇宙人、翼のある肉食獣、そして狂信的な子どもたち（これが厄介）がわんさと集まってくる。

　すべてのトウモロコシ農家にとって最大の悪夢は、信心深い子どもたちの侵入だろう。それはある日突然始まり、収穫物に壊滅的な被害をもたらす。そのまま放置すれば、子どもたちはわがもの顔でふるまい始め、畑にある材料で十字架をいくつも作り、作物を踏み倒して通り道を縦横に走らせ、昼夜を問わず聖書の一節を唱え続ける。もしも彼らが人間を生贄に捧げたり邪神を召還するような段階にまで進んでいたら、あなたは畑ごと焼き払い、次のシーズンまで政府の補助金で食いつなぐほかはない。だが、もしも初期の段階で異変に気づいたら、安全かつ人道的な方法で子どもたちを追い出すことができる。次に示す各ステップは、あとになるほど深刻度が高い。

STEP 1.　散布機を飛ばす

　農場では害虫駆除のために飛行機で農薬を散布するが、あなたはそれと同じ方法で子どもたちに対抗できる。ただし、殺虫剤の代わりに、傍若無人な子どもをおとなしくさせる物質を畑一面に撒く必要がある。推奨するものとしては……

トウモロコシ畑を子どもたちに占拠されたらどうすればよいか　**151**

砕いたリタリン

血中に大量投与されたメチルフェニデートほど、思春期の荒れた子どもたちを落ち着かせるものはない。あなたは数ケース分のリタリン錠を手に入れ、細かく砕いて粉末にしたら、それを舞い降らせろ。チビどもはあっという間に畑から去り、最寄りの〈シルヴァン・ラーニングセンター〉（訳注・全国チェーンの補習塾）に向かうだろう。ひとりあたり40錠も撒けば効果があるはずだ。

露出度の高いタンクトップ

彼らは異様に強い信仰心を持っているので、18世紀のピューリタンのような服装をしている。そのため、21世紀のファッションアイテムにはめっぽう弱い。もしも女の子のひとりがタンクトップを見つけ、試着したら、その子はたちまちトウモロコシ畑で一番セクシーな存在となるだろう。すると、ほかの女の子たちがふたつのグループに分かれる。人気にあやかろうと彼女と仲よくするグループと、彼女を〝ふしだらな女〟と糾弾するグループだ。男の子はといえば、彼女をモノにしようとたがいにライバル関係となって個人に分断される。その結果、強い信心と絆で結ばれたコミュニティはまるでジョン・ヒューズ映画のようになって内部から崩壊する。

マリファナ入りブラウニー

子どもたちに与える影響という点では、どんなデーモンも焼きたてのブラウニーの匂いにはかなわない。しかも、子どもたちは何ヵ月も生トウモロコシしか口にしていないのだ。マリファナ入りのブラウニー（材料の入手はあなたの自己責任で）を畑の中心部にばらまき、腹ぺこのガキどもがかぶりつくのを待て。畑の中からボブ・マーリーの〝リデンプション・ソング〟やピンク・フロイドの〝コンフォタブリー・ナム〟が聞こえてきたら、それがあなたにとって行動開始の合図だ。トラックで畑の中に突っこんで子どもたちを一網打尽にし（誰も抵抗しないはずだ）、一番近い24時間営業のダイナーまで運んで捨ててこい。彼らはひと皿のグレービーソースがけフライドポテトをシェアしながら、死について朝まで語り明かすことだろう。

ホラー映画版子育てガイド

ホラー映画の中にいるのはしんどい。そこで子育てするのは地獄かもしれない。もしもあなたが気味の悪いわが子を誇りに思う親だったら、このクイックリファレンスを手元に置いて、いざというときに役立ててほしい。

症状：うちの子の想像上の友だちが、うちの子の人さし指を通じて〝喋る〟。

対処：お子さんの〝想像上の友だち〟は、実際にはお子さんの超能力が発現したものである。よって、〝友だち〟の言葉によく耳を傾け、内容に応じて行動すること。たとえ、旅行の予定をキャンセルすべき、とか、あなたの配偶者の首を切り落とせ、とか言われてもだ。

症状：うちの子は習ったこともない言語を話す。

対処：典型的な悪魔憑きの症状。もしくは、いたずら好きの幽霊がお子さんを腹話術人形に仕立てて喋らせている場合もある（注・ラテン語を話すか、言葉を逆から話していたら、まちがいなく悪魔憑き）。いずれ

STEP 2. 野球場を作る

散布作戦が失敗に終わっても、あきらめるのはまだ早い。1980年代後半に〝映画のトウモロコシ畑はすべて邪悪〟法則に抜け道が作られた。あなたはその抜け道を、時間と金をほんの少しかけるだけで利用できる。

まず、トウモロコシ畑の数エーカー分の区画をきれいに刈り取る（できれば、あなたのファームハウスに近い場所）。次に野球場を作る。その際、土、石灰、バックネット用の材料、外野のポール、照明施設、そしてもちろん規格に適合したベースが必要になるが、建設作業をあなた自身でやれば、トータルで数十万ドルもかからないだろう。

野球場が完成したら、数日もしないうちに、殿堂入りした故人の野球選手たちが練習にあらわれるはずだ。この時点で、あなたのトウモロコシ畑は邪悪な場所から神秘の聖地へと変わり、狂信的な子どもたちは退散せざるをえないだろう。

にしても、カソリックの神父を呼んで悪魔祓いが必要かどうか判定してもらうこと（その場合は155頁参照）。

症状：うちの子はテレビや死者と会話する。

対処：お子さんはおそらく、やり残したことを抱えて死んだ霊魂か友だちがほしいだけの霊魂の訪問を受けている。深刻なケースは少ない。実は幽霊というのは育児や教育の助けになりうる。しかし、まれに身体的な危害を加える場合もあるので、慎重に様子を見守ること。

症状：うちの子のベビーシッターがたった今わたしたちの目の前で首を吊った。

対処：残念ながらお子さんは果てなき苦痛の王位継承者、ルシファーの子である。

症状：うちの子は親に向かって汚い言葉で怒鳴り、目の前でドアを叩き閉め、地獄で永遠に腐ってしまえとののしる。

対処：お子さんはきわめて正常。

　警告をひとつ。野球場をずっとそのままにしておくと、ひと目見ようと大勢の人たちが車で押しかけてくるかもしれない。また、あなたの死んだ父親があらわれるというリスクも無視できない。

STEP 3. 聴覚を攻撃する

　1989年、合衆国はパナマに侵攻し、独裁者マヌエル・ノリエガを避難先のバチカン大使館に追いつめた。だが、アメリカ軍は許可なく大使館に入れないので、銃に代わる兵器に頼ることにした。ロックンロールだ。巨大なスピーカーを設置し、建物に向けて耳をつんざく音楽を鳴らし、とうとうノリエガを降伏させた（1993年、アメリカ政府はブランチ・ダビディアン事件でも同じ手を使ったが、期待したほどの成果は得られなかった）。

　というわけで、トウモロコシ畑に向けてコンサート用の特大スピーカーを何

154　第666章　サタンに打ち勝たん　〜呪い、デーモン、悪魔〜

台も並べ、あなたの考える子どもの嫌う音を最大ボリュームで鳴らせ。ガキどもは逃げ出すか、頭がおかしくなるだろう。あなたにとってウィンウィンの結果となる。効果のありそうな音源を挙げておこう。

ビル・オライリー『青少年のための人生ガイド』オーディオブック

「おとなは鳴っているヒップホップを我慢しながら家にいる必要はないが、そんな音楽に傾倒する輩は家から出るべきではない」などと書く50すぎの人物から、10代とはどうあるべきかをアドバイスされる恐怖を想像してみてほしい。

ジミー・バフェット〝マルガリータヴィル〟

科学者によってすでに証明されている。47歳以下の者がこの歌を聴くと、例外なく鼓膜に急性出血が起こる。

年配者の昔話

若い子たちにとって最大の苦痛は、両親や祖父母から若いころの苦労話を繰り返し聞かされることだ。あなたは年寄りを雇ってマイクを握らせ、次のような話題をくどくどと喋ってもらうだけでよい——ひどい病気にかかった弟や妹のこと、戦争のこと、アルコール中毒で工場の仕事を失い、ベルトで子どもたちに八つ当たりした父親のこと。

STEP 4.　ネバーランド反応を利用する

ここまでの方法がすべて失敗し、さりとて彼らに火を放つ気にもなれない場合、あなたの兵器庫には武器がひとつだけ残されている。巨額の資金をつぎこみ、トウモロコシ畑を含む農場全体を〝ネバーランド〟に改修するのだ。そこは、珍しい動物、遊園地のアトラクション、有名人の遺体、シルクでおおわれた特大ベッドがいっぱい詰まった、夢と魔法の国。完成したら、子どもたちを夜通しのパジャマパーティに招待しろ。

ライオンを見たら逃げることをガゼルが本能的に知っているように、現代の子どもたちは〝ネバーランド〟に対する拒絶反応を生まれながらに持っているので、目の前の状況から衝動的に逃げ出さずにいられない。

どうやって悪魔を祓うか **155**

どうやって悪魔を祓うか

　悪魔には強大なパワーがある。ところが、ちっぽけな人間が当たり前のように持っているのに悪魔が持ち合わせていないものがひとつだけある。肉体だ。サタンはしばしばデーモンに命じて弱い人間の肉体を乗っ取らせる。魔王ベルゼブブはこの貧弱な操り人形を使って、いったい何がしたいのか。答えは簡単。善と悪の天秤は微妙なバランスで釣り合っている。人間に化けた悪魔がそっとひと押しして天秤を悪の方向に傾け、やがて神をロープ際に追いつめる気なのだ。

《テラーヴァース》で長く暮らせば、あなたも敵対的乗っ取りの対象者となった人間に遭遇するだろう。その場合は、迅速かつ断固とした行動を取ることが重要となる。なぜなら、世界（およびありとあらゆる存在）の命運があなたの肩にかかっているからだ。あわてることなく、まずは儀式について知っておくべし。

STEP 1.　悪魔祓いが必要かどうか見きわめろ

　時代がかった儀式を死に物狂いで執りおこなったのに、対象者の異常な症状は単に薬を飲み忘れたためだとわかった——あなたはそんな目にあいたくないだろう。カソリック教会が悪魔祓いの儀式のために厳格なガイドラインを定めたのは1614年。以来、その儀式は400年にわたって大きな変更もなく続いている。ただし、1952年に重要な改訂が実施され、精神疾患と悪魔憑きを混同しないよう神父たちに警告がなされた（かつてはそのふたつが切り離せなかった）。今すぐ必要なのが精神分析ではなく悪魔祓いであることを見きわめるため、以下の徴候を探すこと。

悪魔祓いのとき聖書を読むと状況が緊迫する。

テレパシー

悪魔はあなたの思考を探って不安や後悔や羞恥を具体的に見つけ出し、脳裏に悪夢として映し出すだろう。また未来予知をするかもしれない。

テレキネシス

悪魔は念じるだけで物体を動かす能力を持つ。ドアをバタンと閉める、ベッドを揺らす、部屋に刃物を飛び回らせる、などなど。

言語

悪魔に取り憑かれた者は学んだことのない言語を流暢に話す（たいていラテン語）。彼らは文章を逆から言ったり、何種類もの声で喋ったりもできる。

外見

目の色が変化する、完全に白目を剝く、皮膚が異様に青白くなって無数の

どうやって悪魔を祓うか **157**

裂傷が走る。これらは悪魔憑きを示す確かなサインである。

STEP 2. 必要な道具をそろえろ

あなたには助けが必要となる。それも多くの助けが。ガイドラインにしたがえば、正式に聖職位を授けられたカソリック神父しか悪魔祓いの儀式をおこなえない。よって、あなたが必要とする第一の〝道具〟は聖職者である。ガイドラインの指示では、道徳的に一点の曇りもない年配者とあるが、〝年配者〟の部分は忘れていい。悪魔祓いの儀式をおこなうのは、『ロッキー4』のイワン・ドラゴと12ラウンド戦うようなものだ。年寄りの出る幕ではない。あなたが依頼すべき神父は、休養十分で情緒的な弱点がまったくない現役ばりばりのタイプだ。最近両親を亡くした経験、スキャンダル、深刻な自信喪失があってはならない。もしも内心に隠しごとがあれば、悪魔に即座に嗅ぎつけられ、神父自身が取り憑かれる危険にさらされてしまう。

次の〝道具〟は外科医だ。儀式のあいだ、あなたと悪魔憑きの対象者は切り傷や打撲傷を受ける恐れがある。万一に備えて、屈強な医学博士にそばにいてもらうといい。医師は対象者と同性であること（みだらなタッチは悪魔につけ入る隙を与えてしまう）。

そして、あなたの役目は、現場にいてあらゆる物質的および精神的支援を可能なかぎり提供することだ。まずは、以下のアイテムを集めることから始めよう。

聖書
たいていのホテルの部屋で見つかる。

十字架
大きすぎず、先が鋭利すぎないもの。

聖水
バケツで用意する。

外科用マスク、手袋、ゴムブーツ
儀式では血や吐瀉物が飛んでくる。

158 第666章 サタンに打ち勝たん 〜呪い、デーモン、悪魔〜

ロープ

悪魔憑きの対象者をベッドに縛りつけ、そのベッドを床に固定するため。

暖かい服

悪魔はあなたを不快にするためになんでもするので、おそらく室温が下がる。

入れたてのコーヒー

長い一夜になる。ポットをいっぱいにしておけ。

STEP 3. 部屋を整えろ

まず第一に、悪魔祓いをおこなう部屋は1階にあること。これまで多くの神父が（事故か自殺かを問わず）高い窓から飛び降りて命を落としている。対象者の寝室（悪魔祓いをおこなうのに最適な場所）が上の階にあるなら、対象者本人を1階の寝室に移せ。寝室の床にはビニールの養生シートを敷き、集めた道具をすべて手の届くところに置く。最後に、部屋からオカルト系のグッズをひとつ残らず片づけろ。中には一見無害に思えるものもあるかもしれないが、熟練の悪魔祓い師の目から見れば、そうしたグッズは地獄へまっしぐらの高速レーンに等しい。

動物のぬいぐるみ

子どもたちは大事なクマやポニーの人形を神聖視するものだ。そうした偶像崇拝は十戒の中で明確に禁じられている。

ダンジョンズ＆ドラゴンズ

若いオタクたちを悪の世界に誘いこむために闇の王が作ったゲーム。

ハリー・ポッターの本

〝HARRY POTTER〟の文字を入れ替えると〝THY TERROR, PA！（汝、恐れよ、神）〟になることはどうでもいい。この本は、亡霊と魔女と生意気な子どもに満ちあふれた世界を空想するように子どもたちを仕向ける。空

想は悪魔の遊び場だ。

非クリスチャン音楽アルバム
これらはみなサタンに聴かせる音楽。

コンピュータ
インターネットはポルノ業者と反宗教主義ブロガーの隠れ家。

STEP 4. 祈祷から始める

どんな祈祷でもいい。神に対して、これから始める困難な仕事への大いなる力添えを求めるとともに、あなた個人の恥ずかしいことを罪として告白するのを忘れないこと。味つけとしてラテン語を少々混ぜておけ。

STEP 5. 出欠を取る

片手を聖書の上に、もう片方の手を対象者の額に置く。そこにいる悪魔に姿をあらわすよう命じろ。悪魔は抵抗を始めるだろう。それを無視してSTEP 6に進む。

STEP 6. 聖書の言葉を読む

カソリック教会の公式ガイドラインでは以下の一節が推奨されている。

ヨハネによる福音書・1章14節
〝言葉は肉体となり、わたしたちのうちに宿った。わたしたちはその栄光を見た。それは父のひとり子としての栄光であって、恵みと真に満ちていた〟

マルコによる福音書・16章17節
〝信じる者にはこのようなしるしが伴う。すなわち、彼らはわたしの名で悪霊を追い出し、新しい言葉を語るだろう〟

160 第666章　サタンに打ち勝たん　～呪い、デーモン、悪魔～

ルカによる福音書・10章17-18節

〝72人が喜んで帰ってきて言った、「主よ、あなたの名によっていたしますと、悪霊までがわたしたちに服従します」。主は言われた、「わたしはサタンが雷光のように天から落ちるのを見た」〟

ルカによる福音書・11章14節

〝イエスが悪霊を追い出しておられた。それは、口のきけない霊であった。悪霊が出ていくと、口のきけなかった者がものを言うようになったので、群衆は驚いた〟

STEP 7.　悪魔に肉体から出ていくよう命じる

　神父の声が炎のように激しさを増し、最高潮に達するパートだ。キリストの力に繰り返し言及しろ。次の言葉を何度も何度も告げろ。
「立ち去れ、忌まわしき者！　立ち去れ、呪われし者！　おまえのすべての企みとともに去れ！　神はこの者を神の神殿に欲しておられるのだ！」

STEP 8.　反撃に備えろ

　あなたの敵はおとなしく無限の闇に帰ってはいかない。強大な力であらゆる手を使い、あなたを混乱させ、疲弊させ、怒らせ、そして操ろうとするだろう。あわよくば殺そうとするにちがいない。悪魔祓いチームの全員が、成功の望みがあるかぎり集中力を保たねばならない。それには、敵が次にどんな攻撃に出るかを知っておく必要がある。

個人的な中傷

　対象者の口から出てくるもの（ゲロを含む）には一切関心を向けてはいけない。たとえそれが聞くに堪えないほどの個人攻撃であっても。

幻視

　どれほど本物っぽく見えても、あなたは自分が見たものをそのまま信じてはいけない。幻視には死んだ友人や、ぞっとする顔のストロボ映像、あな

た自身の死のイメージなどが含まれる。

卑猥な言葉
カソリックの神父は禁欲主義なので、悪魔は彼らの捨てたはずの欲望を呼び覚まして苦しませたがる。いやらしい会話に備えろ。

力の誇示
いくつか例を挙げると、空中浮遊、窓をガタガタ鳴らす、室温変動、電気的な攪乱、外見の変化、家具を動かす、首が回るなど。

STEP 9. 悪魔が本当に退散したか確かめる

悪魔はずる賢いので、キリストの名によって消え失せたふりをし、実際にはあなたがいなくなるまで息をひそめているだけだったりする。あなたは勝利宣言をする前に、悪魔が完全にいなくなったことを確かめる実験をおこなわねばならない。

対象者をミサに連れていく
サタンの手先たちは聖体拝領にうまく対応できない。

対象者を動物園に連れていく
動物たちがそわそわし始めたら、問題はまだ解決していない。

対象者を入浴させる
聖水風呂であることは内緒に！　入っても平気だったら悪魔は逃げた。

あなたの余命が
あと7日だったら何をすべきか

　古い格言がある。
〝明日が来る保証は誰にもない〟
《テラーヴァース》ではその真実味が4倍になる。いわんや、あなたが死神の怒りを買うようなまねをしたら——たとえば、あえて呪いのビデオを観たとか、定められた運命からまんまと逃れてしまったとか……。あなたのあの世行きフライトの掲示が〝遅延〟から〝搭乗中〟に変わったら、次のふたつの人生観のうち、どちらかひとつを選ばなくてはならない。

　　　「死に瀕した者には死が必要なのだ、眠い者に眠りが必要であるように。
　　　　そのときが来たら、抵抗するのは無益であり誤っている」
　　　　　　　　　　　　　　　　　　　　——スチュアート・アルソップ
　もしくは

　　　「まさに、生きたいと願う思いが生を引き延ばす」
　　　　　　　　　　　　　　　　　　　　　　　　　　——バイロン卿

　もしもあなたが〝抵抗は無益〟派なら、わざわざ凡庸なメタフィクションを読んで貴重な時間を無駄にすることはない。今すぐ外に出て、残りの7日間をこれまで経験したことのない生きかたで思いきり生きろ。だが、〝生きたい思いが生を引き延ばす〟という考えに賛成なら、これからの1日1日を次のようにすごせ。

第1日：思いきり泣く
　あなたにはそうする資格がある。人生があと1週間しかないと知るのは、慰

め会を開く理由として十分すぎるほどだ。ティッシュひと箱と、バケツサイズのロッキーロード・アイスクリームと、オプラ・ウィンフリーの心地よい声をお供に、膝を抱えながらまる1日すごせ。自分を不憫に思え。恐怖にひたれ。好きなだけ酔っぱらえ。

少しは気分がよくなっただろうか？　よろしい。では、それを乗り越えろ。

第2日：パートナーと組んで調査を始めろ

死に打ち勝ちたいなら、問題に真正面から向き合わねばならない。だが、今のあなたはそれをひとりでやれる状態ではない。パートナーが必要だ。できれば呪われていない異性。その相手が状況を客観的に見る視点を与えてくれるだろう。しかも、映画の中であなたたちふたりはいずれ寝ることになる。誰もが（観客を含めて）いい目を見るわけだ。

ふたりで力を合わせ、あなたに余命7日の呪いがかかった原因を探り始めろ。だが、調査に出発する前にインターネットを利用しよう。ホラー映画の登場人物は、重要な情報をたいていネットで見つけ出す。その傾向は続編になるほど強くなる。

> あなた　「なんてことだ……これを見て。
> 　　　　（マウスをクリックする）
> 　　　　あの呪文を唱えたあと死んだ人たちに関するサイトや掲示板が
> 　　　　何百件もヒットした。ああ、もっと早くパソコンの使いかたを
> 　　　　覚えておけばなあ……」

とにかく見つかった情報で武装したら、さらなる手がかりを求めて街を歩き回れ。前に侵入した墓場に戻ってみろ。でなければ、ほかの犠牲者の肉親の居場所を突き止めろ。落ちているパンのかけらを追って呪いの力の源までたどり着き、それを鎮めるなんらかの方法を見いだし、自分への死刑宣告を解除できるよう望みをかけて……。

164　第666章　サタンに打ち勝たん　〜呪い、デーモン、悪魔〜

第3日：時間稼ぎをする

　3日めになってもあなたの調査になんら成果が見られないなら、ここで事態の進行を遅らせることを考えたほうがいい。次のような時間経過対抗策を使ってフィルムメイカーの足をすくえ。

年代物の衣装を着る
観客は回想シーンを観ているのかと思うだろう。

時計やカレンダーに近づかない
こうしたものがあると、監督が時間経過を表現しやすくなってしまう。

モンタージュを誘発する活動を避ける
今のあなたが最も回避しなくてはいけないのは、数日間のできごとをほんの数分に圧縮するモンタージュである（モンタージュに関しては67頁参照）。

睡眠で時間を浪費しない
あなたはおそらく、〝まる1週間、どのように目を覚ましておくか〟（67頁）を「これは自分に必要ないな」と思いながら斜め読みしただろう。今、その知識が必要になった。居眠りした時間は、すべてカットされて編集室の床に落とされる運命にある。

話し続ける
あなたが移動中のときは特に喋り続けろ。フィルムメイカーは旅行シーン全体をほんの数カットで要約しがちである。だが、もしもあなたが移動しながらずっと会話を──それもストーリーと深くかかわる話を──続けていれば、その場面を完成版まで残さざるをえなくなる。

第4日：身辺整理をする

　第4日になっても問題が未解決のままなら、あなたはそろそろ自分が続編に呼ばれない可能性を視野に入れたほうがいい。敗北を認めろとは言っていない。誤解するな。賢くふるまえと言っているのだ。まだ時間があるうちにひと

あなたの余命があと7日だったら何をすべきか　165

つの区切りをつけておけ。

- 遺言書を作るか更新しておく。
- 回想録を書く。
- 愛する人たちに、愛していると伝える。
- 嫌いな人たちに、嫌いだと伝える。
- 必要な宗教的巡礼や宗教的準備をする。
- スカイダイビングに挑戦する。
- 自分のためにどっさり金を使う。
- ホームレスにどっさり金を与える。
- どんな感じかを知るためだけにホームレスを素手で殺す。

第5日：取引を試みる

　状況はかんばしくない。死神と真正面から戦っても効果はなさそうだ。ひょっとすると方法そのものがまずい可能性もある。ここらであなたは死神と交渉すべきかもしれない。呪いを解いてもらうのと引き替えに、死神に対して何かできることはないだろうか。使いっ走りをする？　呪いを次の人に回す？　ホームレスを殺す？　いや、あなたはもうそれをやった。重要なのはこれがホラー映画だということだ。死神はいたるところにいる。もし死神に話しかけたければ、あなたは目を閉じて口を開きさえすればよい。

　日が暮れたら、ひと気がなくて手ごろに不気味な場所を見つけ、死神を交渉のテーブルに招待しろ。目を閉じ、暗闇に語りかけろ。

　　あなた　　「あの、死神さん？　そこにいます？　ぼくです。
　　　　　　　　あと48時間であなたの訪問を受ける者です。
　　　　　　　　聞いてください、えっと……
　　　　　　　　たとえばですが……われわれのあいだに和解の余地はあります？
　　　　　　　　見返りとか、おたがいウィンウィンで行きましょうよ。
　　　　　　　　（不安げに笑う）
　　　　　　　　死神さん？　聞こえてます？」

　あなたがいるのは映画の中だから、死神の答えが〝イエス〟であれば、わか

りやすい合図が返ってくる。キャンドルの火が消えるか、オオカミの遠吠えが聞こえるか、あるいは（フィルムメイカーにひらめきがなければ）湯気で曇った鏡に〝イエス〟の文字が浮かび上がるだろう。そうなったら、しめたものだ。交渉を始めろ。そうでなければ……。

第6日：もう1度思いきり泣く

最後の最後にどんでん返しで助かるストーリー展開になるよう祈る以外、あなたにできることはほとんどない。残されたわずかな時間を精いっぱい楽しんだほうがいい。第4日のリストでまだ手をつけていない項目はないか？

第7日：デロリアンを見つけろ

友よ、あなたはおそらく今日死ぬだろう。気を落とすな。精いっぱい努力はしたのだ。とはいえ、やっぱり〝明日が来る保証は誰にもない〟だったろう？

そこで、いよいよジャンルをまたぐ最後の超ロングパスを投げるときだ。すなわち、タイムトラベルである。地元の科学者か物理学教授か発明家を見つけ出し、タイムマシンを急ピッチで作り上げるのに手を貸してほしいと頼め（ガレージにすでにデロリアンがある場合を除く）。もしも十分な早さで（シナリオライターがあなたの企みを嗅ぎつける前に）タイムマシンの製造に成功したら、うまく切り抜けられるかもしれない。

タイムマシンを使って、1週間以上先の未来か1週間以上前の過去に行け。過去に行った場合、あなたをこんな状況に追いこむことになったそもそものの行為を回避すればいい。未来に行った場合、理論的には残り1週間と区切られた寿命を超えて生きたわけで、呪いに勝ったことになる。

サタンをどうやって倒すか

あなたが奇跡的にもこの本を最後まで無事に読み通したなら、数々のおぞましい敵たちに対処する方法を学んだわけだ。だが、《テラーヴァース》には、今のあなたでは対面する準備すらできてない最大の危険人物がいる。

悪魔その人だ。

この敵は少女に取り憑くような二流のデーモンではない。動きの遅い殺人鬼や人殺し人形とは悪の格がちがう。その名はサタン。あるいはルシファー。言うなればメフィストフェレスだ。

人間の歴史が始まってから今日までに起きた悪いこと——あらゆる不正行為、あらゆる殺人、あらゆる戦争、あらゆる悲劇、あらゆる傷心——をひとつ残らず集めたとしよう。その苦痛の総量を480億回かけ合わせたとしても、サタン成分に換算したらあなたが朝食のシリアルにかける粒チョコレートほどの量にしかならない。

何が言いたいかというと、サタンはものすごく、ものすごく邪悪なのだ。

しかも邪悪なだけでなく、恐ろしいほど強大なパワーを持っている。条件を同じにして比較すれば、全能であるという点では神（《テラーヴァース》在住の）とまったくの互角だ。一方、あなたはどうか。ホラー映画の一介の登場人物にすぎず、力は遠くおよばない。罠にかけることさえ無理だ。相手を消し去る呪いの言葉も持たない。サタンが「死ね」と言ったら、あなたのセリフは「どれくらいむごたらしく？」だ。たとえ彼に立ち向かうだけの勇気がなくても、そのくらいなら言えるだろう。

頭に思い描いてほしい。あなたは悪魔と戦っている。おそらく彼は人間の形をしているか、でなければ（予算が許せば）より伝統的な外見を選ぶだろう。全身が赤くて、半分はヤギの要素が入っていて、火を吐き、開けた口には鋭い歯がびっしり並んでいる。尻尾は前後にすばやく動き、たったひと振りでそばにある石像を粉々に砕く。悠然とあなたのほうへ近寄るとき、その2本の角か

168　第666章　サタンに打ち勝たん　〜呪い、デーモン、悪魔〜

らは黒い煙が噴き出すだろう。あなたは後ずさり、いつしか背中がホールの冷たい壁に突き当たり、どうにか相手の恐ろしい硫黄色の目を見つめまいとする。もはやこれまでだ、とあなたは思う。自分はこうして死んでいくのだ、と。ここまで来たら、わざとらしいプロダクト・プレイスメントだろうと、場違いなほど良質な会話だろうと、あなたを救うことはできない。

　サタンは身を乗り出すようにして口を大きく開く。その皮膚から発散する熱であなたの額には火ぶくれができる。彼のひと息であなたの寿命が何年も縮む（もうすぐ死ぬのだから関係ないが）。

　そのとき、あなたは思い出す。悪魔を追い払える手がひとつだけあることを。

ペニスを見せろ!

　悪魔が目前に迫ってきたとき、あなたには衝撃的な何かが必要だ。とてつもなく劇的な何か。《テラーヴァース》全体が瓦解するほどの何かが。それほど強力なパワーを持つ物体が、実はひとつだけある。

　ペニスだ。

　簡単な関係式を示そう。男性の正面フルヌードPは、《テラーヴァース》Tには存在しない。ゆえに、Pがあるなら、Tはありえない。またTがあるなら、Pはありえない。

　言い換えると、もしも男性が世界に向けて（すなわち観客に）ぶらんと露出すれば、映画物理学の法則により、彼のいる映画はホラージャンルに入ることができなくなる。

　もしもあなたにペニスがついているなら……すばらしい、パンツをずり下げてパパを誇らしく思わせてやれ。

　もしもあなたについていないなら？　持っているやつを急いで見つけろ。

　この方法は切羽つまった子どものやり口に思えるかもしれない。幼稚なユーモアで恐怖をごまかす嘆かわしい試みであると。たぶん、そうなのだろう。しかし、尊厳とともに死ぬのと、裸をさらして生きるのと、果たしてどちらがいいのか？

　ここまでありとあらゆる困難が身に降りかかったというのに、あなたはこのページまでちゃんと生きているではないか。この最後のステップも信じろ。今もサタンと面と向き合っているなら、そのお宝を見せてやれ。

サタンは多彩な形状で出現する。この姿に遭遇しないことを願おう。

EPILOGUE
エピローグ

タンジーナ「この家は……浄められました」
——『ポルターガイスト』(1982) より

　いつになったら安全と言えるのか？　エンドロールが流れるのをこの目で見たら？　拍手が聞こえたら？　殺人鬼が突然マスクをはずし、握手を求めながら「いっしょに仕事ができてよかった」と言ったら？

　いや、安全なときなどない。

　ひとたび《テラーヴァース》に入ったら、あなたは永久にここから出られない。あなたをこの世界に引きずりこんだ映画が終わっても、だ。あなたは敵をみごと倒したのか？　けっこう。あなたはラストのクレジットまでたどり着き、この先、長く平穏な人生を送るかもしれない（映画が興行的にコケたら、なおさら）。しかし、続編に出演をオファーされる可能性はゼロではない。

　シナリオライターは斬新な悪役や画期的な殺害方法を生み出し続けるだろう。監督はますます巧妙かつ残酷になるだろう。そして、敵は牙やマチェーテを鋭く研いでいることだろう。

　あなたも同じようにスキルを磨いておいたほうがいい。

付録・ステップアップのための教材

作家になりたいなら、人は名作を読むことから始める。ホラー映画で生き残りたいなら、名作ホラー映画で生き延びた（もしくは少なくとも後半まで死ななかった）登場人物たちに学ぶべきだ。ディスクプレーヤーは武器である。入手可能な最高の弾薬を装填しろ。 （掲載はあいうえお順）

悪魔のいけにえ
THE TEXAS CHAINSAW MASSACRE (1974)

この映画を観たことがない者がいたら、そいつはテロリスト。

監督：トビー・フーパー　**脚本**：トビー・フーパー、キム・ヘンケル　**出演**：マリリン・バーンズ、ガンナー・ハンセン、エド・ニール、アレン・ダンジガー

悪魔のサンタクロース　惨殺の斧
SILENT NIGHT, DEADLY NIGHT (1984) ＊日本劇場未公開

『ハロウィン』のよくできたクローンの１本で、わがグレアム＝スミス家ではクリスマスイヴの定番ビデオ。

監督：チャールズ・E・セリアー・Jr　**原案**：ポール・カイミ　**脚本**：マイケル・ヒッキー　**出演**：リリアン・ショーヴァン、ギルマー・マコーミック、トニー・ネロ

悪魔の棲む家
THE AMITYVILLE HORROR (1979)

家に悪いことが起きる。一家が家を買う。一家に悪いことが起きる。

監督：スチュアート・ローゼンバーグ　**原作**：ジェイ・アンソン　**脚本**：サンドール・スターン　**出演**：ジェームズ・ブローリン、マーゴット・キダー、ロッド・スタイガー

アザーズ
THE OTHERS (2001)

古典的な〝憑依された家〟映画にスタイリッシュで抑制のきいた解釈を加えてある。ニコール・キッドマンは難度の高い演技を10点満点の着地で決めた。

監督・脚本：アレハンドロ・アメナーバル　出演：ニコール・キッドマン、クリスト
ファー・エクルストン、フィオヌラ・フラナガン

アルタード・ステーツ／未知への挑戦
ALTERED STATES (1980)

原作パディ・チャイエフスキー。ホラー映画。即レンタルしろ。

監督：ケン・ラッセル　原作：パディ・チャイエフスキー　脚本：シドニー・アーロン
出演：ウィリアム・ハート、ブレア・ブラウン、ボブ・バラバン、ドリュー・バリモア

エイリアン
ALIEN (1979)

非の打ちどころがない。

監督：リドリー・スコット　原案：ダン・オバノン、ロナルド・シャセット　脚本：ダ
ン・オバノン　出演：トム・スケリット、シガーニー・ウィーヴァー、ジョン・ハート、
イアン・ホルム

エクソシスト
THE EXORCIST (1973)

キリストの力により、あなたはこの映画を年に最低1回は観ずにいられない。

監督：ウィリアム・フリードキン　原作・脚本：ウィリアム・ピーター・ブラッ
ティ　出演：エレン・バースティン、マックス・フォン・シドー、リー・J・コッ
ブ、ジェイソン・ミラー、リンダ・ブレア

ＳＦ／ボディ・スナッチャー
INVASION OF THE BODY SNATCHERS (1978)

ギョロ目のドナルド・サザーランドと、蠅男以前のジェフ・ゴールドブラム
と、耳なしのミスター・スポック。監督はオスカー候補になる前のフィリッ
プ・カウフマン。

監督：フィリップ・カウフマン　原作：ジャック・フィニイ　脚本：W・D・リクター
出演：ドナルド・サザーランド、ブルック・アダムス、ジェフ・ゴールドブラム、ヴェ
ロニカ・カートライト、レナード・ニモイ

付録・ステップアップのための教材　**173**

エルム街の悪夢
A NIGHTMARE ON ELM STREET (1984)

ウェス・クレイヴン監督が殺人鬼の新種を発見する一方で、ジョニー・デップ
が〝シーツをぬらす〟にまったく新しい意味をつけ加える。

監督・脚本：ウェス・クレイヴン　**出演**：ヘザー・ランゲンカンプ、ジョン・サクソ
ン、ロニー・ブレイクリー、ロバート・イングランド

狼男アメリカン
AN AMERICAN WEREWOLF IN LONDON (1981)

笑えて、怖くて、セクシーで、毛がぼうぼう。

監督・脚本：ジョン・ランディス　**出演**：デヴィッド・ノートン、ジェニー・アガター、
グリフィン・ダン

オーメン
THE OMEN (1976)

この映画を『ローズマリーの赤ちゃん』『エクソシスト』に続く〝悪魔3部作〟
の最終作と考えたい。3本ともすぐれたシナリオと出演者と監督に恵まれてい
て、いかにも60年代半ば〜70年代後半らしいリアリズムが魅力的。

監督：リチャード・ドナー　**脚本**：デヴィッド・セルツァー　**出演**：グレゴリー・ペッ
ク、リー・レミック、デヴィッド・ワーナー、ハーヴェイ・スティーヴンス

キャリー
CARRIE (1976)

この傑作をまだ観ていない不届き者は、自分に生理用ナプキンをいくつも投げ
つけ、家の祈祷用クローゼットに入っとけ。

監督：ブライアン・デ・パルマ　**原作**：スティーヴン・キング　**脚本**：ローレン
ス・D・コーエン　**出演**：シシー・スペイセク、パイパー・ローリー、ウィリア
ム・カット、ジョン・トラヴォルタ、エイミー・アーヴィング、ナンシー・アレン

暗闇にベルが鳴る
BLACK CHRISTMAS (1974)

〝女子寮スラッシャー〟映画の最高峰。フランコ・ゼフィレッリ作品2本の合

間に何かのまちがいで出演してくれたオリヴィア・ハッセーと、『スーパーマン』でセクシー要素をすっかり吸い取られる前のマーゴット・キダー。

監督：ボブ・クラーク　**脚本**：ロイ・ムーア　**出演**：オリヴィア・ハッセー、ケア・デュリア、マーゴット・キダー、ジョン・サクソン

クリープショー
CREEPSHOW (1982)

ヒルビリーを演じるスティーヴン・キング。エド・ハリスのディスコダンス。ゴキブリを口からあふれさせるE・G・マーシャル。これ以上何を望めばいい？

監督：ジョージ・A・ロメロ　**脚本**：スティーヴン・キング　**出演**：E・G・マーシャル、テッド・ダンソン、レスリー・ニールセン、フリッツ・ウィーヴァー、ハル・ホルブルック、エイドリアン・バーボー、スティーヴン・キング、トム・アトキンス、ヴィヴェカ・リンドフォース、ゲイラン・ロス、エド・ハリス、キャリー・ナイ

クリスティーン
CHRISTINE (1983)

超レアな〝悪意の宿った車〟ジャンルに君臨するチャンピオン。

監督：ジョン・カーペンター　**原作**：スティーヴン・キング　**脚本**：ビル・フィリップス　**出演**：キース・ゴードン、アレクサンドラ・ポール、ジョン・ストックウェル、ロバート・プロスキー、ハリー・ディーン・スタントン

サイコ
PSYCHO (1960)

最初の（そしていまだに最高の）スラッシャー映画。

監督：アルフレッド・ヒッチコック　**原作**：ロバート・ブロック　**脚本**：ジョセフ・ステファノ　**出演**：アンソニー・パーキンス、ジャネット・リー、ジョン・ギャヴィン、ヴェラ・マイルズ、マーティン・バルサム

付録・ステップアップのための教材　**175**

サスペリア
SUSPIRIA (1977)

イタリアの巨匠ダリオ・アルジェント監督による、きらびやかで独創性にあふれ、幻覚めいた色彩美を持つ芸術作品。ホラー映画史上、映像が最も美しい作品の1本。

> **監督**：ダリオ・アルジェント　**脚本**：ダリオ・アルジェント、ダリア・ニコロディ　**出演**：ジェシカ・ハーパー、アリダ・ヴァリ、ジョーン・ベネット、ステファニア・カッシーニ、ウド・キア

ザ・フォッグ
THE FOG (1980)

古風な怪奇ムードたっぷりのゴーストストーリー。忘れがたいクライマックスに向かってゆっくりと恐怖が高まっていく。

> **監督**：ジョン・カーペンター　**脚本**：ジョン・カーペンター、デブラ・ヒル　**出演**：エイドリアン・バーボー、ジェイミー・リー・カーティス、ジャネット・リー、ハル・ホルブルック、トム・アトキンス

ザ・フライ
THE FLY (1986)

心（と肉体）が砕けてしまった男の肖像をデヴィッド・クローネンバーグ監督がダークに描く。1958年の『蠅男の恐怖』の大まかなリメイク。ジェフ・ゴールドブラムはこの役を演じるために生まれてきた（あなたがその手の話を信じるならば）。

> **監督**：デヴィッド・クローネンバーグ　**原作**：ジョルジュ・ランジュラン　**脚本**：チャールズ・エドワード・ポーグ、デヴィッド・クローネンバーグ　**出演**：ジェフ・ゴールドブラム、ジーナ・デイヴィス、ジョン・ゲッツ

サマーキャンプ・インフェルノ
SLEEPAWAY CAMP (1983) ＊日本劇場未公開

史上、最も、常軌を逸した、エンディング。

> **監督・脚本**：ロバート・ヒルツィック　**出演**：マイク・ケリン、ジョナサン・ティアースティン、フェリッサ・ローズ、カレン・フィールズ

サランドラ
THE HILLS HAVE EYES (1977)

〝一家が乗った車が人里離れた場所で故障し、一家は突然変異の人食い人間たちに襲われ、一家が逆襲を決意する〟という王道コース。

監督・脚本：ウェス・クレイヴン　**出演**：スーザン・レイニア・ブラムレット、ロバート・ヒューストン、マーティン・スピアー、ディー・ウォーレス、ジョン・ステッドマンフ

ザ・リング
THE RING (2002)

今のところJホラー・リメイクの最高傑作。オープニングシーンは『ピーウィーの大冒険』以来、最も恐ろしい。

監督：ゴア・ヴァービンスキー　**原作**：鈴木光司　**脚本**：アーレン・クルーガー　**出演**：ナオミ・ワッツ、マーティン・ヘンダーソン、ブライアン・コックス、

シックス・センス
THE SIXTH SENSE (1999)

「やあ、ぼくは監督のM・ナイト・シャマラン。大丈夫……きみもぼくの名前の発音を覚えるよ」

監督・脚本：M・ナイト・シャマラン　**出演**：ブルース・ウィリス、ハーレイ・ジョエル・オスメント、トニ・コレット、オリヴィア・ウィリアムズ、ミーシャ・バートン、M・ナイト・シャマラン

シャイニング
THE SHINING (1980)

史上最高の映画？　それとも単に、史上最高のホラー映画？　長年議論されている問いだ。

監督：スタンリー・キューブリック　**原作**：スティーヴン・キング　**脚本**：スタンリー・キューブリック、ダイアン・ジョンソン　**出演**：ジャック・ニコルソン、シェリー・デュヴァル、ダニー・ロイド、スキャットマン・クローザース

付録・ステップアップのための教材 **177**

13日の金曜日
FRIDAY THE 13TH (1980)

この本に書いてあるルールのうち半分を考案した映画。

監督：ショーン・S・カニンガム　**脚本**：ヴィクター・ミラー　**出演**：ベッツィ・パルマー、エイドリアン・キング、ハリー・クロスビー、ローリー・バートラム、ケヴィン・ベーコン、ジャニーヌ・テイラー

ジョーズ
JAWS (1975)

若くてハングリーなスピルバーグ監督。若くてハングリーなサメ。完璧なシナリオ。完璧なキャスト。もっとでかい船が必要だ。

監督：スティーヴン・スピルバーグ　**原作**：ピーター・ベンチリー　**脚本**：ピーター・ベンチリー、カール・ゴットリーブ　**出演**：ロイ・シャイダー、ロバート・ショウ、リチャード・ドレイファス、ロレイン・ゲイリー

死霊のはらわた
THE EVIL DEAD (1981)

「やあ。ぼくは監督のサム・ライミ。こっちは友人のブルース・キャンベル。これはクラシックなホラー映画。楽しんでね」

監督・脚本：サム・ライミ　**出演**：ブルース・キャンベル、エレン・サンドワイズ、ベッツィ・ベイカー

スキャナーズ
SCANNERS (1981)

科学の力——本作ではテレパシー能力——で全能になろうとする人間を描いた、もう1本のデヴィッド・クローネンバーグ作品。「この映画では頭部破裂シーンが観られるのかな」と思っているあなた、答えはイエスだ。ばっちり観られる。

監督・脚本：デヴィッド・クローネンバーグ　**出演**：スティーヴン・ラック、ジェニファー・オニール、マイケル・アイアンサイド、パトリック・マクグーハン

スクリーム
SCREAM (1996)

やっとだ！　この本を読んだ人物がホラー映画に登場した！

監督：ウェス・クレイヴン　**脚本**：ケヴィン・ウィリアムソン　**出演**：ドリュー・バリモア、ネーヴ・キャンベル、スキート・ウールリッチ、ローズ・マッゴーワン、コートニー・コックス、デヴィッド・アークエット、リーヴ・シュレイバー

セブン
SE7EN (1995)

雨模様の寒い日のボストンで、わたしはひとりこの映画を見に行った。あれ以来、わたしは一度も笑っていない。

監督：デヴィッド・フィンチャー　**脚本**：アンドリュー・ケヴィン・ウォーカー　**出演**：ブラッド・ピット、モーガン・フリーマン、グウィネス・パルトロー、ケヴィン・スペイシー

鮮血の美学
LAST HOUSE ON THE LEFT (1972)

サイコどもが少女たちをレイプして殺す。サイコどもがひとりの少女の実家にたまたまやってくる。少女の両親がサイコどものペニスを食いちぎる。

監督・脚本：ウェス・クレイヴン　**出演**：サンドラ・カッセル、ルーシー・グランサム、デヴィッド・A・ヘス

ソウ
SAW (2004)

巧みなひねりをひそませた〝ゲームマン・スラッシャー〟映画の新機軸。実のところ、巧みなひねりはひとつだけ。

監督：ジェームズ・ワン　**原案**：ジェームズ・ワン、リー・ワネル　**脚本**：リー・ワネル　**出演**：リー・ワネル、ケイリー・エルウィズ、ダニー・グローヴァー、モニカ・ポッター、トビン・ベル

ゾンビ
DAWN OF THE DEAD (1978)

噛みつかれて痛いのはゾンビか、社会風刺か。『ナイト・オブ・ザ・リビング
デッド』の怖くて笑えて血みどろで皮肉たっぷりの姉妹編。ジョージ・A・ロ
メロ監督はアメリカの大量消費社会（と人間性）を痛烈に批判してみせた。

監督・脚本：ジョージ・A・ロメロ　**出演**：デヴィッド・エムゲ、ケン・フォリー、ス
コット・H・ライニガー、ゲイラン・ロス、トム・サヴィーニ

W／ダブル　ステップファーザー
THE STEPFATHER (1987)

テリー・オクィンが演じる見かけはふつうの親（とはいえ地味に異様）の怖さ
は、『シャイニング』でジャック・ニコルソンが演じたジャック・トランスと
双璧だろう。ものすごく過小評価された映画。

監督：ジョセフ・ルーベン　**原案**：ドナルド・E・ウェストレイク、キャロリン・レフ
コート、ブライアン・ガーフィールド　**脚本**：ドナルド・E・ウェストレイク　**出演**：
テリー・オクィン、シェリー・ハック、ジル・シュエレン

チャイルド・プレイ／チャッキーの花嫁
BRIDE OF CHUCKY (1998)

やりすぎ感が楽しいシリーズ中、最もやりすぎ感が楽しい作品。

監督：ロニー・ユー　**脚本**：ドン・マンシーニ　**出演**：ジェニファー・ティリー、ニッ
ク・スタビル、キャサリン・ハイグル、ブラッド・ドゥーリフ

チルドレン・オブ・ザ・コーン
CHILDREN OF THE CORN (1984) ＊日本劇場未公開

特撮のショボさ（特に終盤あたり）にもかかわらず、独創的でとても薄気味悪
い。オープニング音楽のおどろおどろしさと言ったら！

監督：フリッツ・カーシュ　**原作**：スティーヴン・キング　**脚本**：ジョージ・ゴールド
スミス　**出演**：ピーター・ホートン、リンダ・ハミルトン、R・G・アームストロング

鳥
THE BIRDS (1963)

本作のティッピ・ヘドレンがどれほどすばらしいことか？　修辞疑問文。

> **監督**：アルフレッド・ヒッチコック　**原作**：ダフネ・デュ・モーリア　**脚本**：エヴァ
> ン・ハンター　**出演**：ティッピ・ヘドレン、ロッド・テイラー、スザンヌ・プレシェッ
> ト、ジェシカ・タンディ、ヴェロニカ・カートライト

ナイト・オブ・ザ・リビングデッド
NIGHT OF THE LIVING DEAD (1968) ＊日本劇場未公開

唯一無二の存在。

> **監督**：ジョージ・A・ロメロ　**脚本**：ジョン・A・ルッソ　**出演**：ジュディス・オディ
> ア、デュアン・ジョーンズ、カール・ハードマン、キース・ウェイン、ジュディス・リ
> ドリー

28日後…
28 DAYS LATER (2002)

すべてのゾンビが笑えるほどのろくて不器用なわけではないし、（厳密に言うと）
必ずしもゾンビであるわけでもない。

> **監督**：ダニー・ボイル　**脚本**：アレックス・ガーランド　**出演**：キリアン・マーフィ、
> ナオミ・ハリス、クリストファー・エクルストン

バーニング
THE BURNING (1981)

サマーキャンプ・スラッシャー映画の良作。原作・脚本チームのうちのふた
り、ブラッド・グレイとハーヴェイ・ワインスタインはのちに業界の大立て者
になる。のちにワインスタインはセックス・スキャンダルで失墜。

> **監督**：トニー・メイラム　**原案**：ハーヴェイ・ワインスタイン、トニー・メイラム、ブ
> ラッド・グレイ　**脚本**：ピーター・ローレンス、ボブ・ワインスタイン　**出演**：ブライ
> アン・マシューズ、リア・エアーズ、ブライアン・バッカーアル、ホリー・ハンター

付録・ステップアップのための教材　**181**

ハウリング
THE HOWLING (1981)

1981 年は誰もが満月に熱狂していたようだ。

監督：ジョー・ダンテ　**原作**：ゲイリー・ブランドナー　**脚本**：ジョン・セイルズ、テレンス・H・ウィンクレス　**出演**：ディー・ウォーレス、パトリック・マクニー、デニス・デューガン、ジョン・キャラダイン

バタリアン
RETURN OF THE LIVING DEAD (1985)

ロメロ監督のゾンビ世界を元ネタにした騒々しいパロディで、驚くほど時代の先を行っている（走るゾンビ、喋るゾンビ、ピタゴラ装置を作るゾンビ）。ハイテンポで、悪趣味で、おっぱいもいっぱい。脚本・監督は『エイリアン』の共同脚本で知られるダン・オバノン。

監督・脚本：ダン・オバノン　**原案**：ジョン・ルッソ、ルディ・リッチ、ラッセル・ストライナー　**出演**：クルー・ギャラガー、ジェームズ・カレン、ドン・カルファ

ハロウィン
HALLOWEEN (1978)

この本に書いてあるルールのうち半分を考案した映画（もう半分は『13 日の金曜日』）。これでジョン・カーペンター監督とジェイミー・リー・カーティスが第一線に躍り出た。

監督：ジョン・カーペンター　**脚本**：ジョン・カーペンター、デブラ・ヒル　**出演**：ドナルド・プレザンス、ジェイミー・リー・カーティス、ナンシー・キーズ、トニー・モラン

羊たちの沈黙
THE SILENCE OF THE LAMBS (1991)

アカデミー作品賞を獲ったホラー映画がほかにあるか？

監督：ジョナサン・デミ　**原作**：トマス・ハリス　**脚本**：テッド・タリー　**出演**：ジョディ・フォスター、アンソニー・ホプキンス、スコット・グレン

ヒッチャー
THE HITCHER (1986)

何度言えばわかるのだ？　ルトガー・ハウアーを車で拾うな！

> **監督**：ロバート・ハーモン　**脚本**：エリック・レッド　**出演**：C・トーマス・ハウエル、ルトガー・ハウアー、ジェニファー・ジェイソン・リー

ファイナル・デスティネーション
FINAL DESTINATION (2000)

平均的なスラッシャー映画よりスマート。〝ユニークで、よくできていて、楽しさいっぱい〟が本当に当てはまる。

> **監督**：ジェームズ・ウォン　**原案**：ジェフリー・レディック　**脚本**：グレン・モーガン、ジェームズ・ウォン、ジェフリー・レディック　**出演**：デヴォン・サワ、アリ・ラーター、カー・スミス、クリステン・クローク

ファンタズム
PHANTASM (1979)

70年代後半に超低予算ホラー映画を作っていたほかの監督たちとちがい、ドン・コスカレリは刃物を振り回すサイコやサマーキャンプでは満足できない。彼の関心の的は異次元の墓荒らしと銀色の死の球体。

> **監督・脚本**：ドン・コスカレリ　**出演**：マイケル・ボールドウィン、ビル・ソーンベリー、レジー・バニスター、キャシー・レスターム

ブレア・ウィッチ・プロジェクト
THE BLAIR WITCH PROJECT (1999)

「おれが先に思いついてたらなあ」と誰もが思うアイディア。

> **監督・脚本**：ダニエル・マイリック、エドゥアルド・サンチェス　**出演**：ヘザー・ドナヒュー、マイケル・C・ウィリアムズ、ジョシュア・レナード

ブレインデッド
BRAINDEAD (1992)

ピーター・ジャクソン監督が初期に作っていた、人を食ったような血みどろドタバタ低予算映画の最後（にして最高）の1本。使用した血糊はたぶん過去最

大量。

監督：ピーター・ジャクソン　**原案**：スティーヴン・シンクレア　**脚本**：ピーター・ジャクソン、スティーヴン・シンクレア、フランシス・ウォルシュ　**出演**：ティモシー・バルム、ダイアナ・ペニャルヴァー、エリザベス・ムーディ

ペット・セメタリー
PET SEMATARY (1989)

越えてはいけない一線を越え、そこから引き返し、一線をないがしろにし、そのまま陽気に進んでいく映画。

監督：メアリー・ランバート　**原作・脚本**：スティーヴン・キング　**出演**：デイル・ミッドキフ、デニース・クロスビー、フレッド・グウィン

ホステル
HOSTEL (2005)

前半の40分はエロのオンパレード。後半の50分は拷問のオンパレード。これはまっとうなホラー映画なのか。わたしにはわからない。わたしにわかるのは観るのをやめられないということだけだ。

監督・脚本：イーライ・ロス　**出演**：ジェイ・ヘルナンデス、デレク・リチャードソン、エイゾール・グジョンソン、三池崇史

ポルターガイスト
POLTERGEIST (1982)

当時のPG指定は信じがたいほど楽しい。ジェリー・ゴールドスミスの音楽が信じがたいほどすばらしい。

監督：トビー・フーパー　**原案**：スティーヴン・スピルバーグ　**脚本**：スティーヴン・スピルバーグ、マイケル・グレイス、マーク・ヴィクター　**出演**：クレイグ・T・ネルソン、ジョベス・ウィリアムズ、ヘザー・オルーク、ビアトリス・ストレイト、ドミニク・ダン、オリヴァー・ロビンス、ゼルダ・ルビンスタイン

マーダー・ライド・ショー
HOUSE OF 1000 CORPSES (2003)

まず500グラムの『サランドラ』を用意し、狂気で風味づけされたロブ・ゾ

ンビ監督の血を1カップ加え、地獄の炎で89分間煮こんだら、はい、できあがり。

監督・脚本：ロブ・ゾンビ　**出演**：シド・ヘイグ、ビル・モーズリイ、シェリ・ムーン、カレン・ブラック

ミザリー
MISERY (1990)

スティーヴン・キングの原作を得たときのロブ・ライナー監督は打率10割。ジェームズ・カーンとキャシー・ベイツもすばらしい。

監督：ロブ・ライナー　**原作**：スティーヴン・キング　**脚本**：ウィリアム・ゴールドマン　**出演**：ジェームズ・カーン、キャシー・ベイツ、ローレン・バコール、リチャード・ファーンズワース、フランシス・スターンハーゲン

遊星からの物体X
THE THING (1982)

ジョン・カーペンター作品のカート・ラッセルは、タフで大酒飲みで無精ヒゲを生やしているときが最高。『エイリアン』との比較なんか気にするな。興行的に大コケした事実も気にするな。必見。ただし犬好きは注意して観るように。

監督：ジョン・カーペンター　**原作**：ジョン・W・キャンベル・Jr　**脚本**：ビル・ランカスター　**出演**：カート・ラッセル、ウィルフォード・ブリムリー、リチャード・ダイサート、ドナルド・モファット、T・K・カーター、デヴィッド・クレノン、キース・デヴィッド、チャールズ・ハラハン、ピーター・マローニー、リチャード・メイサー

ローズマリーの赤ちゃん
ROSEMARY'S BABY (1968)

国外追放前のロマン・ポランスキー監督が最恐の1本を作った。しかも血糊を一切使わずに。スクラブル・ゲームを怖く見せられる映画は無条件で傑作といえる。

監督・脚本：ロマン・ポランスキー　**原作**：アイラ・レヴィン　**出演**：ミア・ファロー、ジョン・カサヴェテス、ルース・ゴードン

ロストボーイ
THE LOST BOYS (1987)

カリフォルニアに住むパーティ三昧のヴァンパイア集団はオフロードバイクを乗り回す。ふたりのコリー(ハイムとフェルドマン)が独特の親友感をかもし出す。

監督：ジョエル・シューマカー　**脚本**：ジャニス・フィッシャー、ジェームズ・ジェレミアス、ジェフリー・ボーム　**出演**：ジェイソン・パトリック、コリー・ハイム、コリー・フェルドマン、キーファー・サザーランド、ダイアン・ウィースト、ジェイミー・ガーツ

作らなくてもよかったホラー映画5選

　以下の5本の映画は、われわれにひとつの教訓を教えてくれる。すなわち、〝アイディアがどんなにくだらなくても、金を出して観たいと思う客が必ずいるものだ〟。

ジョーズ'87／復讐篇
JAWS: THE REVENGE (1987)

　シリーズをとうとう沈没に追いこんだ4作め。ブロディ署長の未亡人（署長はサメへの恐怖から心臓発作で死んだことになっている）はアミティ市にうんざりし、バハマに移って息子一家と暮らそうと決心する。しかし、彼女は知らなかった。前作で殺されたサメの身内が復讐を誓い、ブロディ一家を皆殺しにしようと企んでいることを。さらに悪いことに、このサメは恨みを抱くだけでなく、はるばる何千キロも人間を追跡する能力を持ち、海面からジャンプしたときには咆えることもできる。なんと恐ろしい！　マイケル・ケイン演じるチャーター機のパイロット〝ホーギー〟がなんとも憎めない。海洋生物学者を演じたマリオ・ヴァン・ピープルズの役作りは、公民権運動を100年ほど後退させた。

　　監督：ジョセフ・サージェント　**脚本**：マイケル・デ・ガズマン　**出演**：マイケル・ケイン、ロレイン・ゲイリー、マリオ・ヴァン・ピープルズ、ランス・ゲスト、カレン・ヤング、ジュディス・バーシ、リン・ウィットフィールド、ミッチェル・アンダーソン、ジェイ・メロ、セドリック・スコット、メルヴィン・ヴァン・ピープルズ

ハウス・オブ・ザ・デッド
HOUSE OF THE DEAD (2003)

　ウーヴェ・ボルが現代の最低映画監督として広く認知され、酷評されて当たり前という一種の風潮があるのは知っている。だが、わたしもそうせずにはいられない。この映画は度はずれてひどいのだ。ボルのほかの作品同様、これもゲームの実写化である。10代のグループがパーティでどんちゃん騒ぎをしようとカナダの離島に出かけるが、到着したとたんにパーティがゾンビたちに乗っ取られていると判明する。彼らはもちろん島にとどまって残りの酒を飲も

うと決め、ついには古い一軒家に隠れて、ひとりずつ殺されてしまう。もうペラッペラの設定だ。しかし、何よりひどいのが〝演技〟。ボルの引き出した演技と比べたら、『ショート・サーキット』のジョニー５が名優マーロン・ブランドに見えてくる。

> **監督**：ウーヴェ・ボル　**原案**：マーク・Ａ・アルトマン、ダン・ベイツ　**脚本**：デイヴ・パーカー、マーク・Ａ・アルトマン　**出演**：ジョナサン・チェリー、タイロン・レイツォ、クリント・ハワード、オナ・グラウアー、エリー・コーネル、エヌーカ・オークマ、ウィル・サンダーソン、キーラ・クラヴェル、ソーニャ・サロマ、マイケル・エクランド、デヴィッド・パルフィー、ユルゲン・プロホノフ、コリン・ローレンス

ハロウィンⅢ
HALLOWEEN III: SEASON OF THE WITCH (1982) ＊日本劇場未公開

　２本の『ハロウィン』がヒットしたあと、製作陣はリブートによってシリーズ化しようと決めた。そこで殺人鬼マイケル・マイヤーズはベンチに下がり、代わりにスタメンになったのが、シルヴァー・シャムロック社を率いて邪悪なおもちゃ作りに精を出すコナル・コクランだ。コクランの採用した殺害方法はマイヤーズよりも少々複雑で、特殊なハロウィンマスクを販売して世界にカオスをばらまくというもの。マスクにはコンピュータチップが埋めこまれており、そのチップにはなんとストーンヘンジから盗んだ石のかけらが入っている（嘘じゃない、マジだ）。シルヴァー・シャムロック社のテレビＣＭで流れるジングルを聞いたとたん、そのマスクをかぶっている人たちはみんな死んでしまう。理由はストーンヘンジの呪い……なのか？　言うまでもないが、４作めからはマイヤーズが再登板している。

> **監督・脚本**：トミー・リー・ウォーレス　**出演**：トム・アトキンス、ステイシー・ネルキン、ダン・オハーリヒー、マイケル・カリー、ラルフ・ストレイト、ナンシー・キーズ

フィアー・ドット・コム
FEARDOTCOM (2002)

　この映画はたぶんこんなふうに売りこまれたんだと思う。
「あのですね、ちょっと『ザ・リング』っぽい話で、見ると７日後に死ぬビデオの代わりに、アクセスすると２日で死ぬウェブサイトって設定なんです！

こっちは5日も早く死ぬんですよ！　で、一番のアイディアがこれ。被害者はなんと自分が一番恐れているものによって死にます！　いいでしょ？　ただし、このアイディアをそれ以上ふくらませる予定はありません。中心に描くのは、あくまで主人公の無愛想な刑事と事件を担当する保険局の女性調査員の退屈な関係でして……。あれ？　聞いてます？　もちろん、それだけじゃありません！幽霊も出ますよ。廃墟の製鉄所で遊んでいた血友病の女の子の幽霊が。それで、その子は……待てよ、何かすごく大事なことを忘れてるな。ああ、そうだ、基本的にものすごくつまらなく、ものすごくわかりにくく作るつもりなんですよ。……あの、話にちゃんとついてきてます？」

監督：ウィリアム・マローン　**原案**：モシュ・ディアマント　**脚本**：ジョセフィーン・コイル　**出演**：スティーヴン・ドーフ、ナターシャ・マケルホーン、スティーヴン・レイ、ウド・キア、アメリア・カーティス、ジェフリー・コムズ、ナイジェル・テリー、マイケル・サラザン

LEPRECHAUN: BACK 2 THA HOOD (2003)　＊日本未公開

　1作めの『レプリコーン』は、〝トリー〟役のジェニファー・アニストンがよかったのもあって傑作だった。『レプリコーン2』では、女性たちのために楽しい結婚の要素が加わった。次にラスヴェガスが舞台の『レプリコーン3』が来て、宇宙が舞台の『レプリコーン4』へと続いた。それから、また地球に戻ってきた『レプリコーン5』では、昔からの疑問である〝妖精殺人鬼レプリコーンがコンプトンで解き放たれたらどうなるか？〟に対する答えが示された。そう、すべてが順調だったのだ……プロデューサーが映画の品質を犠牲にして手っ取り早く儲けようと決心するまでは。本作ではレプリコーンが通りすがりのギャング団と戦ったり、車高の低い車に轢かれて引きずられたりと、ひどい目にあう。それまでの5作にあった品格と繊細さはすっかり消え失せてしまった。映画に出てくるレプリコーンの金貨のように、何か神聖なものをプロデューサーたちは盗んだのだ。そして、その代償はわれわれファンが支払わねばならない。

監督・脚本：スティーブン・アイロムロオイ　**出演**：ワーウィック・デイヴィス、タンジ・ミラー、ラズ・アロンソ

ACKNPWLEDGMENTS
謝辞

クワーク・ブックスの友人みんなに感謝する。とりわけドギー・ホーナー、メリッサ・モナチェッロ、デヴィッド・ボーゲニクトに。そして、ジェイソン・レクラックには特製の骨型ガラガラを受け取ってほしい。彼はこれまで3冊の本でわたしに道を示してくれたが、実は一度も顔を合わせたことがない。わたしの見解では、この関係が意味するところは、Ⓐ彼が幽霊で最後にライターをひとり育て上げないと永遠の安らぎを得られない、Ⓑわたしが正気を失っていて彼は空想の中にしか存在しない、ⒸわたしたちがすべてをEメールでやり取りしている、のどれかだ。

イラストレーターのネイサン・フォックスにも心からお礼を言いたい。彼は信じられないほどの才能と信じられないほどの邪悪さを合わせ持つ希有な人物だ。

わたしがこうして最後までたどり着けたのは、愛すべき〝モンスター・スクワッド〟の面々がいてくれたからだ。彼らはオトナになってもホラー映画に対して中学生並の愛情を持ち続けるグループで、その（いい年をして嘆かわしい）情熱はわたしにはたいへん役に立った。ジェイソン・ドゥグラ、スティーヴ・サベリコ、ブレント・シモンズ、エリック・ゴールドマン、そしてグループ代表のケヴィン・チェスリー、本当にありがとう。

最後に、コーディ・ツワイクに特別な謝意を、そしてウェス・クレイヴンには最上の感謝を捧げる。

訳者あとがき

　本書を手にしていただき、心より感謝申し上げます。と同時に、本書を手にしているあなたはホラー映画に閉じこめられてしまった可能性が高いわけで、そういう意味ではご愁傷さまというほかありません。とはいえ、この本はそんなあなたが殺人鬼やヴァンパイアやエイリアンや悪魔やゾンビや悪霊に殺されないための強力な味方となることでしょう。

　ようやく翻訳書を上梓でき、これでホラー映画内の世界《テラーヴァース》に囚われてしまった多くの日本人の命が救われると思うと、訳者としてうれしいかぎりですが、英語版の出版から10年以上も訳出が遅れたことに関してはお詫びしなければなりません。ただ弁解させていただくと、《テラーヴァース》ではパソコンに向かって翻訳原稿を書くことさえひと苦労なのです。外をうろつく殺人鬼がやたらと電線を切って回るのでデータが飛ぶ、モニター画面から髪の長い女性が這い出てきて邪魔をする、ひとたびネットに接続すれば異世界へのポータルが開く、気がつくと「仕事ばかりで遊ばないとジャックは馬鹿になる」と延々タイプしている……とても仕事になりません。

　愚痴はさておき、著者のセス・グレアム＝スミスについて書いておきましょう。1976年1月4日生まれで、現在42歳。彼がいつホラー映画の中に入ってしまったかというと、本書の記述をもとにすればまだ10代のときだと推測され、それから《テラーヴァース》で送った20年ものサバイバル生活の経験が本書に結実したわけです。それから2年後に『高慢と偏見とゾンビ』を出版。かのジェーン・オースティンの恋愛小説『高慢と偏見』のテキストをそのまま拝借しながら、部分的な追加・削除によって〝ゾンビと戦う姉妹〟の物語に改変してしまうという、いわゆる〝マッシュアップ小説〟として各方面で高い評価を得ました。18世紀の英国にゾンビを違和感なく溶けこませる荒技をなし遂げたのは、《テラーヴァース》で何百体もゾンビを殺害してきた経験のたまものでしょう。あくる年に刊行した『ヴァンパイアハンター・リンカーン』

は、アメリカ合衆国大統領エイブラハム・リンカーンが実は名うての吸血鬼ハンターだったという小説。こちらも好評を博し、発売していきなり〈ニューヨーク・タイムズ〉ベストセラーリストで第4位を記録しました。

　ここで重要なのは、ベストセラーになったのが現実世界のできごとだという点です。その事実を考えると、セス・グレアム＝スミスはこの時点で《テラーヴァース》の住人ではなくなった可能性があります。おそらく〝二重国籍者〟（本文24頁参照）に昇格したのでしょう。

　上記の小説は2作とも映画化され、彼は活躍の場を映画界へと広げていきます。そして2017年の映画『ＩＴ／イット "それ" が見えたら、終わり。』では、プロデューサーを務めました。つまり、ついにホラー映画の中の人から外の人になったわけで、彼の示した〝《テラーヴァース》→二重国籍者→現実世界へ脱出〟という新しい生き残りルートは、ホラー映画に閉じこめられて死におびえるわたしたちにとっての希望であり、福音なのではないでしょうか。ただし、フィルムメイカーという立場に転身して《テラーヴァース》の住人（しかも子ども）を死にいたらしめる側に回ったのは重大な裏切り行為だ、とする意見があるのも確かで……あ、ちょっと失礼。

　……たった今、書斎の窓に打ちつけておいた板がはがされてしまいました。あとがきの途中ですが、わたしの脳を食べたがっている5体ほどの連中に対処してきます。確かショットガンの弾薬を切らしてたはずだから、代わりにマチェーテを使わないと。さて、どこにしまったかな。

　2018年6月

入間　眞

[訳]
入間 眞
Shin Iruma

翻訳家・ライター。主な訳書・著書に『クウォトアンの生贄 覚醒兵士アレックス・ハンター』『女子高生探偵 シャーロット・ホームズの冒険』『女子高生探偵シャーロット・ホームズの帰還〈消えた八月〉事件』『ジュラシック・ワールド』（小社刊）、『長い酷暑』『裸のヒート』（ヴィレッジブックス刊）、『ゼロの総和』『ジョニー＆ルー 絶海のミッション』（ハーパー BOOKS）『パイレーツ・オブ・カリビアン 最後の海賊』（宝島社刊）などがある。

ホラー映画で殺されない方法
2018 年 7 月 30 日　初版第一刷発行

著　者
セス・グレアム＝スミス

翻　訳
入間 眞

カバーデザイン
石橋成哲

本文組版
IDR

発行人
後藤明信

発行所
株式会社 竹書房

〒 102-0072
東京都千代田区飯田橋 2-7-3
電話 03-3264-1576（代表）
03-3234-6301（編集）
http://www.takeshobo.co.jp

印刷所
中央精版印刷株式会社

定価はカバーに表示してあります。
乱丁・落丁の場合には当社までお問い合わせ下さい。

ISBN978-4-8019-1542-8　C0076
Printed in Japan